KB231263

과학교육
프로그램 개발의
이론과 실제

강경희 지음

한국학술정보

머리말

과학기술의 발달과 경제 산업구조의 변화, 교육 수요자의 요구 변화 등은 교육의 내적·외적 환경에 큰 영향을 미치고 있다. 이러한 시대적 추세는 과학교육 분야와도 밀접한 관련을 맺고 있다.

우리나라 과학교육은 제7차 교육과정에 이어 2007년과 2009년 개정을 거치면서 창의성 신장이라는 목표를 설정하게 되었다. 지식기반 사회에서 요구하는 창의적인 인재를 양성하기 위해 과학교육에서도 창의성 함양이 중요한 의제로 대두된 것이다.

그러나 국제적인 교육과정 평가를 보면 우리의 과학교육은 여전히 많은 한계를 나타내고 있다. 초등·중등·고등으로 학교 급이 올라갈수록 과학에 대한 흥미도는 낮아지고, 과학을 어렵게 느끼는 학습자는 좀처럼 줄지 않고 있는 것이 현실이다. 따라서 학습자들이 과학에 대한 흥미를 느끼고 과학적 사고력을 높이면서 창의성을 발휘하게 하는 다양한 시도가 절실히 요구되는 것이다.

이러한 노력은 과학교육 분야에서 다양한 형태로 나타나고 있다. 특히 실생활과 연계된 과학교육 프로그램을 개발해 적용하거나 STEAM 교육을 토대로 한 프로그램을 개발하는 등 다양한 과학교육 프로그램을 통해 과학교육의 문제들을 해결해보려는 시도는 지속적으로 이루어지고 있다.

  그러나 실제 과학교육 프로그램을 개발하는 것은 교수자 개인이 실행하기에는 어려운 측면이 많다. 따라서 과학교육 프로그램 개발의 원리와 절차 등에 대한 검토는 프로그램 개발에 관심을 갖고 있는 이들에게 조금이나마 도움이 될 것으로 기대된다.

  이 책에서는 과학교육 프로그램을 개발하기 위한 기획 단계에서부터 설계, 실행, 평가에 이르는 전 과정에 대해 이론적으로 살펴보고 각 단계의 특징을 짚어보았다. 특히 실제 개발된 다양한 과학교육 프로그램 사례를 제시해 프로그램을 개발하는 데 단서를 제공하고자 했다.

  이 책에서 제시된 과학교육 프로그램 개발에 관한 이론적 검토가 아직 많이 부족하지만 여러 논의를 시작하는 계기가 될 수 있기를 감히 기대해본다.

2013년 1월
강경희

차례

Part 01

과학교육 프로그램 개발의 기초

1. 과학교육 프로그램의 개념

생애능력 중 자기주도적 학습과 문제 해결력 등이 주목받으면서
교육 프로그램에 대한 관심은 높아지고 있다. 일반적으로 프로그램
(program)이란 흔히 일정한 활동들을 구체적으로 실행하기 위해 필요
한 경험의 총체 또는 특정의 활동이 이루어지는 총체적인 환경으로
써 활동 내용 그 자체와 함께 활동 목적과 목표, 활동 대상, 과정, 방
법, 장소, 시기, 조직, 매체 등의 모든 요소를 의미한다(한국청소년개
발원, 2007). 또한 프로그램은 체제(system)의 형태, 계획 과정에서의
기획(planning), 기획의 결과물이라고 볼 수 있는 계획(plan), 문서, 수행
이나 활동 등 다섯 가지 형태를 의미하는 것으로 분석되기고 한다
(Long, 1987). Boyle(1981)은 '다양한 기관들의 모든 활동'이라는 매우
넓은 의미로 해석했고, Kowalski(1988)는 '조직적·의도적인 학습활동
의 설계이며 환경, 조직, 프로그램, 학습자 간의 상호작용'으로 정의
했다. 특히 교육적 의미에서 프로그램은 커리큘럼과 유사한 의미로
받아들여지기도 한다. 이러한 맥락에서 볼 때 과학 프로그램이란 과
학교육목표와 관련해 학습자의 행동이 변화하도록 사전에 체계화시
켜 놓은 교육내용이라고 볼 수 있다.

　　과학교육 프로그램은 교육체계, 프로그램 내용, 교육활동으로 나누어 볼 수 있다. 교육체계란 교육이념을 실현하기 위해 학습자들에게 제공하고 있는 총체적인 교육 준비물로 규정할 수 있다(김진화와 정지웅, 2000). 또한 교육 프로그램이 개발되기 위해서는 프로그램의 의미라고 볼 수 있는 프로그램 내용이 필요하다. 어떤 내용을 선택하고 어떤 방식으로 조직하느냐의 문제는 교육 프로그램의 실제적인 측면에서 매우 중요한 기능을 갖는다. 프로그램의 내용적 측면이 구현되기 위해서는 여러 가지 활동이 필수적으로 요구된다. 활동을 구성함에 있어서도 활동의 다양성과 함께 순서와 배열 등이 중요하다.

　　과학교육 프로그램 개발과 관련해서 미국 국가과학교육기준(서혜애 외 역, 2000)에서는 프로그램 기준에 대해 제시하고 있다. 여기서 제시하고 있는 프로그램 기준 내용에 대해서는 <표 1-1>에 제시했다.

　　미국 과학교육기준에서 제시하고 있는 기준은 주로 학교에서 제공되는 과학교육 프로그램에 초점을 두고 있다. 그와는 달리 많은 교육 프로그램은 학교 외의 단체나 기관을 중심으로 전개되기도 한다. 그 중에서도 청소년을 지도하기 위한 활동 위주의 프로그램의 성격은 다음과 같이 제시되기도 한다(한국청소년개발원, 2007).

　　첫째, 청소년 지도 프로그램은 미래지향적인 성격과 현실지향적인 성격을 동시에 포함하고 있다. 즉 미래의 지도 방향을 사전에 수립한 것이지만, 이는 획일적이고 경직된 것이 아니라 현실적 상황에 따라 융통성 있게 수정 가능한 것이다.

　　둘째, 청소년 지도 프로그램은 청소년 지도의 목적 및 목표를 달성하기 위한 수단적인 성격을 가지고 있다.

　　셋째, 활동 지향적인 성격과 동태적인 성격을 지니고 있다. 이는 청소년들은 신체적 움직임과 실제 생활의 체험을 통해서만이 주변의 여러 사태와 현상을 정확하게 인식할 수 있다는 점을 고려한 것이다.

넷째, 지도의 결과보다 지도 과정에 초점을 두고 있다. 현재의 청소년을 어떤 존재로 육성하고 그들의 현재 행동을 어떤 상태로 변화시킬 것인가 하는 것보다 청소년들이 프로그램에 적극적으로 참여하여 의미 있는 경험을 가짐으로써 자신의 삶과 행동을 스스로 선택하고 자각하도록 하는 데 초점을 두어야 한다는 것이다.

다섯째, 청소년 프로그램의 평가준거는 효과성과 효율성, 매력성이다. 효과성이란 주어진 목표를 어느 정도 달성하였는가와 관련된 것이다. 효율성이란 목표를 얼마나 합리적으로 달성했는가에 대한 개념이고 매력성은 프로그램이 얼마나 의미 있고 유용하며 호기심과 흥미를 자극하였는가와 관련된 개념이다.

여섯째, 청소년 프로그램은 청소년 지도 활동을 변경, 개선시키는 데 도움을 주고 지도 활동에 대한 청소년의 만족감을 향상시키며 청소년들의 생각, 사회적 가치, 규범 등을 변화 또는 유지시킬 수 있다.

〈표 1-1〉 미국 국가과학교육기준(서혜애 외 역, 2000)

· 프로그램 기준 A
− 명확한 목표와 학생에 대한 기대를 설정하고 이에 근거하여 과학 프로그램의 모든 요소를 계획하고, 수행하고, 평가할 때 효율적인 과학 프로그램이 될 수 있다.
− 교육과정이 단원 및 학습과정의 선택과 개발의 안내자로 이용되어야 한다.
− 교수는 목표와 교육과정 틀과 부합되어야 한다.
− 평가정책과 평가의 수행은 목표, 학생들의 기대, 교육과정 체계에 부합되어야 한다.
− 지원 체제 및 교사에 대한 형식적·비형식적 기대는 목표, 학생들의 기대, 교육과정 체계에 부합되어야 한다.
− 과학 프로그램의 모든 요소에 관한 결정과 지원, 유지, 개선의 책임 소재가 명확해야 한다.

- · 프로그램 기준 B
- 학습 프로그램은 내용 기준의 모든 내용을 포함해야 한다.
- 과학 내용은 학생의 발달 단계에 적합하고, 흥미로우며, 학생들의 생활과 관련된 다양한 유형의 교육과정으로 구현되어야 한다.
- 과학학습 프로그램은 탐구를 통한 이해를 강조해야 한다.
- 과학학습 프로그램은 다른 교과목들과 연계되어야 한다.

- · 프로그램 기준 C
- 과학학습 과정에서 수학을 이용하고 과학에 이용되는 수학을 이해하며 수학에 대한 이해를 향상시키기 위해서 과학 프로그램과 수학 프로그램이 서로 연계되어야 한다.

- · 프로그램 기준 D
- 가장 중요한 자원은 전문적인 교사다.
- 시간은 과학 프로그램의 주요 자원이다.
- 과학적 탐구를 수행하기 위해서는 학생들이 다양한 장비, 재료, 물품, 그리고 실험 및 현상에 대한 직접적인 조사에 필요한 다른 자원들을 쉽게, 평등하게, 자주 사용할 수 있어야 한다.
- 협동적 탐구를 위해서는 적합하고 안전한 공간이 필요하다.
- 좋은 과학 프로그램을 위해서는 교실 밖의 세계에 대한 탐구가 필요하다.

- · 프로그램 기준 E
- 과학 프로그램에서 모든 학생은 과학교육 기준을 성취할 평등한 기회를 가져야 한다.

- · 프로그램 기준 F
- 학교는 개방적이고, 서로 동등한 동료로서 서로 협조하는 분위기 속에서 개혁 노력을 명시적으로 지원해야 한다.
- 정기적으로 시간을 확보하여 교사들이 과학교육 개혁에 대하여 토론하고, 반추하고, 연구하는 일을 장려하여야 한다.
- 교사들이 개혁을 위한 모임을 만들고, 그 모임의 일원으로 활동할 수 있도록 지원해야 한다.
- 교사들이 참여하는 효율적인 지도 체제를 구축하여야 한다.

2. 과학교육 프로그램의 유형

교육 프로그램은 기준에 따라 다양하게 유형화할 수 있다. Schroeder(1980)은 어떤 주체가 프로그램의 중심이 되느냐는 기준에 따라 기

 과학교육 프로그램 개발의 이론과 실제

관 중심 프로그램, 고객 중심 프로그램, 절충형 프로그램으로 분류한 바 있다. 또한 이현청(1993)은 기술 중심, 이해 중심, 태도 중심 프로그램이라는 분류 체계를 도입하기도 했다. 이 외에도 다양한 분류기준에 따라 교육 프로그램을 나눠 볼 수 있다.

1) 교육 프로그램의 유형

(1) 구성 범위에 따른 분류

① 단위 프로그램

학습 내용을 한 번에 지도하기 위한 프로그램으로 주로 일회성의 활동 지도안적인 성격을 갖는다. 비교적 짧은 시간에 이루어지는 활동을 중심으로 이루어지는 특징이 있다. 대표적인 예로는 일회성의 견학 및 탐사 활동 프로그램 등이 있다.

② 단계적 프로그램

연속 프로그램이라고도 불리는데 하나의 주제를 여러 개의 내용으로 나누어 연속적 혹은 단계적으로 진행시키는 형태이다. 여러 개의 활동이 하나의 목표 달성을 위해 연속적으로 이루어지는 프로그램으로 하나의 단계 활동은 다음 단계의 시작과 연계되어야만 한다(한국청소년개발연구원, 2007).

대체적으로 초보적이고 기초적인 활동에서부터 점차 복잡한 활동으로 구성된다. 이러한 특성으로 인해 단계적인 숙련 과정이 필요한 기술이나 기능을 습득하기 위한 프로그램으로 활용되기도 한다.

③ 통합적 프로그램

통합 프로그램은 단계적 프로그램과 같이 여러 개의 활동이 묶여 있는 형태이다. 단계적 프로그램이 전 단계 이수 후 다음 단계로 이행되는 형태인 데 비해 통합프로그램에서의 각 활동은 서로 독립적으로 완결되는 구성을 지니고 있다. 단계적 프로그램에서의 소활동은 완성된 형태가 아닌 최종 목표를 향해 단순히 결합되어 있는 형태라고 본다면 통합적 프로그램에서는 주제에서 세분화된 여러 활동이나 비슷한 성격의 활동들을 모아 한 체계 속에 적절하게 연결한 것이라고 볼 수 있다. 따라서 종적인 관계를 형성하고 있는 단계적 프로그램보다 수평적 관계에 더 중점을 둔 형태이다.

통합적 프로그램은 학습자들의 가치관 또는 태도 형성 등에 많이 활용되는 형태이다. 예를 들어 환경오염 관련 조사활동 프로그램, 탐구활동 프로그램, STS 수업에서의 실행 프로그램 등에 활용될 수 있다. 이때 프로그램에 포함된 각각의 활동은 독립적으로 진행되지만 전체적으로는 하나의 목표 아래 구성된다는 특징이 있다.

④ 종합적 프로그램

종합적 프로그램은 가장 총괄적이고 규모가 큰 교육 프로그램의 유형이다. 부분별 프로그램이 고유한 목표와 성격을 유지하면서 어떤 연결 원칙이나 공통적인 문제, 상호 관심적인 영역하에서 연계성을 합리적으로 조합한 총괄성을 가진 프로그램이다. 따라서 특정 기간 동안에 이루어지는 일정한 제목의 프로그램들이 이러한 유형에 속한다. 예를 들면 대한민국 과학축전, 청소년 문화광장 등이 포함된다.

(2) 구조화 정도에 따른 유형

교육 프로그램은 일반적으로 학습목표가 명확히 제시된 상태에서 진행되기 때문에 구조화된 구성을 기본 전제로 한다. 이는 교수-학습의 지속성을 유지한다는 측면에서도 의미가 있다. 그러나 일회성의 행사 중심이거나 일정표 정도의 계획만을 가지고 진행시키는 경우 비구조화된 프로그램으로 볼 수 있다.

① 구조화된 과학교육 프로그램

구조화된 과학교육 프로그램이란 프로그램의 목적과 목표가 명확하고 그에 근거해 학습내용이 선정됨을 기초로 한다. 또한 선정된 내용을 근거로 조직되고 그에 따른 평가와 피드백 전략이 명시되어 있다. 흔히 교육현장에서의 프로그램은 구조화된 프로그램을 의미하는 것으로 이러한 교육 프로그램은 지속적인 활동으로 구성되어 있는 것이 일반적이다. 특히 구조화된 교육 프로그램은 교사 등의 전문가에 의해 진행되어야 하고 체계적 구성이 중요하다. 흔히 과학교육 프로그램 개발 및 적용 연구에서 많이 활용되는 형태이다. 예를 들어 과학탐구 프로그램, 과학영재 창의성 프로그램, 자유탐구 프로그램 등이 있다.

② 비구조화된 과학교육 프로그램

비구조화된 교육 프로그램은 단순한 행사 진행표나 일정표 수준의 프로그램을 의미한다. 따라서 일반적인 교육 프로그램이 갖추어야 할 기본 요소들이 거의 배제되어 있고, 비전문가가 진행할 수 있는 형식이다. 일회성의 행사에서나 적용할 수 있는 프로그램으로 교육적 효과를 기대하기에는 한계가 있는 형식이다. 이러한 한계 때문에 교육 현장에서 활용되는 사례는 극히 제한적이다.

3. 과학교육 프로그램 개발의 성격

앞서 살펴본 바와 같이 과학교육 프로그램의 유형은 매우 다양하다. 또한 프로그램을 진행하는 기간도 단기부터 장기까지 매우 복잡하다. 따라서 하나의 과학교육 프로그램을 개발하는 것은 준비와 기획 단계에서부터 개발, 운영, 평가의 단계에 이르기까지 다양한 범위와 사건, 활동과 절차를 포함하는 복합적이고 다차원적 성격을 지니고 있다.

따라서 과학교육 프로그램 개발은 전문적인 능력을 요구한다. 교육 프로그램을 개발한다는 것은 프로그램을 위해 선정된 교육내용을 계열성·계속성·통합성 등을 고려하여 조직하는 것은 물론이고 조직된 체계를 운영하고 결과를 평가하는 일련의 과정에 대한 능력을 바탕으로 이루어진다.

과학교육 분야뿐만 아니라 청소년을 대상으로 하는 프로그램 개발에 있어서 기본적인 성격은 몇 가지로 요약될 수 있다(한국청소년개발원, 2007).

첫째, 사회의 변화와 학습자의 필요 및 요구에 적절하게 대응하기 위해서는 단순히 수동적으로 추세에 따라가는 데에서 벗어나 새로운 변화를 창출하기 위한 관점을 견지해야 한다.

둘째, 교육 프로그램은 기본적으로 대상 참여자들의 긍정적인 변화를 지향하고 있기 때문에 학습자의 수준과 정서, 태도 등에 대한 충분한 이해를 바탕으로 해야 한다.

셋째, 하나의 프로그램을 개발하는 데에는 많은 의사 결정 과정이 필수적으로 수반된다. 따라서 교육 프로그램 개발자는 목표 설정, 내용 선정 및 조직, 우선순위의 결정, 평가준거 구체화 등 각 단계에서 개인 또는 집단이 어떻게 의사 결정 해나갈 것인지에 대해 사전에 숙지해야 한다.

또한 교육 프로그램의 개발은 프로그램 참여 대상자들의 요구와 필요를 확인하고 분석하는 과정을 필요로 한다. 특히 대부분의 교육 프로그램들은 다양한 참여자들이 공동으로 참여하는 집단활동을 포함하고 있기 때문에 프로그램 자체를 시스템으로 간주한다.

Part 02

과학교육 프로그램 개발의 이론

1. 과학교육 프로그램 개발 이론의 성격

교육 프로그램 개발 이론과 관련하여 비판적 시각이 존재해 왔다. 그중 대표적인 것이 교육 프로그램 개발과 관련한 체계적이고 종합적인 이론이 없다는 관점과 종전의 이론들이 과학적 이론의 준거에 부합하기에는 부족한 면이 있다는 관점이다(이성호, 1983).

보통 교육 프로그램 개발 이론은 프로그램 개발자가 지켜야 할 절차를 제시하고 규정하는 기능을 담당해 왔다. 이로 인해 특수한 혹은 제한된 상황과 조건에 따른 개발 이론들이 제시된 측면도 있었다. 그러나 프로그램 개발 이론이 운영과 절차에만 초점을 두는 것은 과학적인 접근이라 보기에는 한계가 있다. 따라서 프로그램 개발에 관한 이론을 보다 체계적으로 확립하려는 노력이 필요하다고 본다. 이와 관련해 교육 프로그램 개발을 실천적 연구 행위로 보려는 접근도 시도되었다(김진화와 정지웅, 2000). 이러한 관점을 근거로 볼 때 프로그램 개발자는 내용과 과정에 대한 전문가의 역할을 수행함과 동시에 교수-학습을 설계하고 운영하는 역할과 의사 결정자로서의 역할 등 다양한 역할을 담당하는 것으로 볼 수 있다.

따라서 교육 프로그램 개발 이론은 프로그램 개발자가 개발 과정에서 활용할 절차와 기법을 명시하고 있는 규범적 성격을 지니고 있다. 또한 개발된 프로그램을 운영하는 과정에서 프로그램 개발자의 실천적 연구 행위가 동시에 이루어지는 다원적인 성격을 가지고 있다.

2. 교육 프로그램 개발의 패러다임

패러다임(paradigm)이란 토마스 쿤이 저서 『과학혁명의 구조 The Structure of Scientific Revolution』(1962)에서 제시한 용어로 '사례·예제·실례·본보기' 등을 뜻하는 그리스어 '파라데이그마(paradeigma)'에서 유래한 것이다. 일반적으로 패러다임은 어떤 한 시대 사람들의 견해나 사고를 근본적으로 규정하고 있는 테두리로서의 인식의 체계 또는 사물에 대한 이론적인 틀이나 체계로 정의된다.

교수-학습 과정을 보는 기본적인 관점은 시대에 따라 변화해 왔다. 학습자에게 외부 세계에 존재하는 지식과 정보, 기수 등을 전달하거나 가르칠 수 있다는 생각이 지배적이었던 실증주의 패러다임 시대에서부터 학습자를 의미 구성의 주체로 보는 구성주의적 패러다임에 이르기까지 다양한 개념체계가 교육 프로그램 개발의 방향을 이끌어 왔다.

1) 교수-학습에 대한 관점 변화

교수-학습에 대한 관점은 형식주의 교육사조에 기초한 전통주의에서부터 행동의 변화를 학습으로 보는 행동주의적 사고로 변화했다. 이어 능력별 반 편성 시기를 거쳐 효율적인 학교운영 시기, 협동학습

시기, 구성주의 시기 등으로 나뉘기도 한다(Walker & Lambert, 1995).

전통주의적 관점에 따르면 진리는 불변이라는 믿음에서 출발한다. 교사는 학생에게 고전이라고 불리는 전통적 지식을 반복, 연습, 암기를 통해 학습하도록 했다. 이러한 관점에서 학생은 지식의 수용자적 입장에 놓여 있게 되고 교사의 권위에 대한 복종이 강조되었다(정선형, 2004).

행동주의 교육은 기본적으로 학생의 행동은 측정, 진단, 예측이 가능하다는 전제에서 출발한다. 따라서 수업의 궁극적 목적은 정해진 학습목표나 목적을 성취하기 위한 행동을 규정하고 그 변화를 이끄는 것이라고 보았다.

능력별 편성 강조 시기에도 학생들의 능력이 매우 다양하다는 행동주의 이론이 토대가 되었다. 학생들의 능력수준에 따라 학습활동의 형태와 종류에 차이가 있다는 전제하에 실제 수업에서는 낮은 수준의 학생들을 높은 수준으로 끌어올리는 것을 주요 목표로 삼았다(김달효, 2006).

교육에 있어서 효율적인 측면을 강조하던 시기는 교수활동과 학교 요인은 학습의 결과를 예측할 수 있다는 행동주의적 이론이 중요하게 다루어졌다. 능동적인 학습활동 시간과 학업 성취도와는 상관관계가 있다고 보고 교사들의 높은 기대수준과 학업 수행에 대한 압력이 있을 때 학생들이 높은 성취를 보인다고 생각했다.

협동학습적 관점이 도입되면서 학생들은 협동적으로 공부하고 지식을 공유했을 때 학습이 향상된다는 생각이 주를 이루게 되었다. 즉 학습내용과 함께 학습하는 과정에 대해서도 높은 가치가 부여되었다. 따라서 학생들과 교사의 관계에 있어서 상호 교류를 강조하게 되고 교사는 지식을 제시하는 입장에서 촉진하는 입장으로 변모하게 되었다(이상우, 2009). 이러한 변화는 수업 과정을 보다 민주적으로 바꾸는 데 큰 기여를 했다.

구성주의 학습시기에는 학습과정에서의 의미 구성에 주목하기 시작했다. 따라서 단순한 정답만을 요구하기보다는 해답을 찾아가는 과정에 중점을 두는 새로운 시각이 대두되었다. 이는 학생 개인의 경험으로부터 얻어진 개별적인 인지구조와 능력의 발달이라는 측면이 교수-학습 이론의 기초가 되었다.

① 실증주의적 패러다임

실증주의적 패러다임은 자연과학 분야에서 강조하는 경험적·분석적 관점과 밀접하게 관련되어 있다. 이는 타일러(1949)가 제시한 교육과정 개발 모형의 토대가 되는 틀이다. 그의 모형은 선형적 모형으로 해석되는데 교육목표의 설정, 학습경험의 선정, 학습경험의 조직, 학습경험의 평가라는 4단계로 구성된다. 이 모형에서는 학습자의 흥미와 필요성, 사회적 요구 등을 고려해 목표를 설정한다. 설정된 목표를 바탕으로 교수목표를 선정하고 그를 기초로 학습경험을 선정한다. 선정된 학습경험은 계속성·계열성·통합성에 따라 조직된다. 최종적으로 학습경험이 설정된 목표 달성에 얼마나 효과적인지 측정한다.

이 실증주의적 패러다임에 근거한 교육 프로그램 개발은 목표 설정이 가장 핵심적인 부분이고 그에 따른 수단을 선택하는 형식을 지니고 있다.

② 비판주의 패러다임

비판주의 패러다임은 해방적 패러다임으로도 불린다. 이는 이념적·사회경제적 권력으로부터 발생하는 인간에 대한 억압을 해방시키는 데 초점을 맞춘다. 즉 어떤 형태의 억압은 인간의 교육적 성장을 방해하기 때문에 이러한 방해 요인을 밝혀내고 극복하기 위한 교육이 필요하다는 관점이다. 따라서 이러한 패러다임에 입각한 교육 프로그램은 참여자의 반성과 행위의 상호작용으로 설명되는 비판적 실천 행위가 주를 이루게 된다(김진화와 정지웅, 2000). 반성과 행위의 상호작용이 가능하기 위해서는 '대화'라는 부분이 필수적으로 요구되기 때문에 이 패러다임에 따라 개발된 교육 프로그램은 '대화모형'으로 불리기도 한다.

③ 구성주의 패러다임

구성적 패러다임은 실제적·해석적 패러다임을 지칭한다. 구성주의에서 개인은 의미를 창조하고 구성하는 주체로 따라서 이 패러다임에 근거한 교육 프로그램은 구성주의의 핵심 방법론인 합의와 상호작용을 중심으로 이루어진다. 이 같은 특성을 반영해 순환적 합의제 모형이라는 개념으로 파악되기도 한다.

3. 과학교육 프로그램과 교수자

근래 교육현장에서는 학습자 중심의 다양한 상호작용이 중요하게 다루어지고 있다. 이러한 변화는 교사의 전통적인 역할에도 새로운 관점을 대두시켰다. 이제 교사는 지식 전달자로서가 아닌 협력자, 안내자, 촉진자로서의 역할에 힘을 기울이게 되었다. Biagi(1978)는 교수－학습 과정에서의 촉진자의 역할에 대해 다양하게 정의하고 있다.

첫째, 참여자들을 주제에서 벗어나지 않게 한다.

둘째, 참여자가 말한 것을 정리해 준다.

셋째, 참여자들의 정서 상태에 불만, 의문 등 이상이 없는지를 파악한다.

넷째, 참여자들이 올바르게 나아갈 수 있게 건설적인 방향으로 문제를 진술한다.

다섯째, 문제 해결을 위한 방향을 제시한다.

여섯째, 무슨 일이 일어났으며 무엇이 결정되었는지를 정리해 준다.

이처럼 촉진자는 학습과정을 조정하면서 학습자가 잠재력과 창의력을 최대한 발휘할 수 있게 도와주는 역할을 수행한다고 볼 수 있다. 구성주의의 발달과 함께 촉진자의 역할은 더 강화되고 있는데 교수-학습 과정에서 촉진자의 구체적인 기능에 대해 알아본다.

① 코칭(coaching)

일반적으로 코칭은 개개인이 학습을 하거나 과제를 수행하는 동안 그들을 관찰하고 돕는 것을 의미한다. 학습상황에서 교사가 안내를 하거나 도와주는 활동으로 학습자들을 관찰하고 암시를 주며 피드백을 제공하고 지원하는 등의 역할이 여기에 해당한다. 또한 학습자의 사고에 있어서 오류나 오해를 확인하고 그것을 수정하도록 도와주는 것도 코칭에 속한다. 따라서 코칭은 학습활동을 학습자의 배경 지식에 의거해 조정하며 보충 지도 여부를 결정하는 등 학습자에게 중심을 둔 교육이라고 볼 수 있다.

② 스캐폴딩(scaffolding)

스캐폴딩은 학습자가 과제를 수행할 수 있도록 제공될 수 있는 기술, 전략, 링크의 형태로 지원해 주는 것을 의미한다(이선길, 2006). 일반적으로 학습자들의 학습 초기에 강력한 스캐폴딩이 지원될 때 효과적이다. 스캐폴딩을 제공할 때는 학습과정에 따라 변화를 줄 필요가 있다. 학습 초기 이후에는 학습자 스스로 할 수 있도록 스캐폴딩을 점차로 제거하는 것이 좋다.

③ 멘토링(mentoring)

현재 영재교육 등 다양한 교육 영역에서 멘토링의 기능은 주목받고 있다. 멘토링은 여러 가지 면에서 코칭과 비교되기도 한다. 멘토링과 코칭 모두 개인적·조직적 변혁과 개발을 가져오는 데 강력한 지원을 하고 인간의 잠재성을 이끌어 내어 학습자들이 학습하는 방법을 배움으로써 성장한다는 믿음에서 출발한다(Guest, 1999).

한편 코치와 멘토는 차이점이 있다(오인경과 최정임, 2009).

첫째, 멘토는 전문적이고 구체적인 지식이나 지혜를 가지고 도움을 주는 내용 전문가인 데 비해, 코치는 학습이 일어나서 성과를 향상시키도록 과정을 지원하는 프로세스 전문가이다.

둘째, 멘토의 역할은 일생 동안 이루어질 만큼 장기적일 수도 있고, 일회성 혹은 단기적일 수 있다. 그러나 코칭은 소기의 목적이 달성될 때까지 지속적으로 진행되고 해당자의 행동을 지속적으로 모니터링하고 이를 통해 피드백을 제공한다.

셋째, 멘토링은 같은 조직에 있는 사람 또는 외부 전문가 모두 수행할 수 있다. 반면에 코칭은 많은 시간을 함께하는 내부인이 수행하는 경우가 많다.

Part 03

과학교육 프로그램의 목표

1. 과학교육 프로그램의 목적 및 목표

교육 프로그램의 개발에 있어서 목적과 목표를 설정하는 것은 프로그램의 전체적인 방향과 체계를 구축한다는 점에서 큰 의미를 지닌다. 그러나 교육현장에서 목적과 목표, 교육목적, 프로그램 목표 등 용어들이 여러 가지 의미로 해석되기도 한다.

일반적으로 교육목적은 교육에서 지향하는 궁극적인 이념을 구체화한 것으로 상당히 추상적이고 일반적인 특성을 지닌다. 따라서 즉각적인 성과가 나타나는 것이 아니라 장기적으로 실현될 수 있는 이념이라고 볼 수 있다. 이에 비해 프로그램목적은 교육 프로그램이 직접적으로 의도하고 있는 것으로 교육목적보다 구체성을 띤다. 또한 프로그램을 통해 교육의 효과를 얻으려고 하는 것이기 때문에 다분히 의도성을 내포하고 있다. 이러한 프로그램목표를 직접 수행할 과제의 형식으로 제시한 것이 활동목표이다. 이는 학습자가 교육 프로그램 참여를 통해 어떤 변화를 일으킬 수 있는가에 대한 구체적인 결과를 명시한 것이라고 볼 수 있다. 즉 학습자가 체험하고 경험한 것을 바탕으로 어떤 학습결과를 얻게 될 것인가에 대한 준거를 제시한 것이다.

이러한 목표들은 어떤 기능을 하는가에 대해 몇 가지 본질적 기능을 제시할 수 있다(한국청소년개발원, 2007).

첫째, 학습목표는 목적 달성을 위해서 계획되어야 할 학습경험의 범위를 명확하게 시사할 수 있는 기능을 가진다.

둘째, 학습목표는 교육의 내용, 방법, 방향을 규정해 주는 기능을 지닌다. 따라서 학습활동 지도 내용의 상세화를 요구하게 되고 이에 따라 교수-학습 방법이 구체화되고 활동의 방향성이 명료해진다.

셋째, 학습목표는 학습자의 활동을 활성화시키는 기능을 가진다.

넷째, 학습목표는 평가의 방향, 내용, 결과 해석의 규준을 제공해 준다. 목표는 평가의 방향, 내용, 결과 해석의 성격과 범위를 규정짓는 준거로서의 역할을 한다.

2. 과학교육 프로그램 목표 진술

1) 과학교육목표 분류

교육목표의 영역과 관련해서는 많은 학자가 다양한 견해를 제시하고 있다. 교육목표의 영역에 대한 가장 일반적인 분류체계는 Bloom의 분류 틀(<표 3-1>)이다. Bloom은 교육목표를 크게 인지적 영역, 정의적 영역, 심동적 영역으로 구분하고 다시 활동목표 영역으로 세분화시켰다.

그러나 Bloom(1956)의 목표분류 틀은 교과의 종류나 학년에 관계없이 행동 영역의 범주를 일원화하고 일부 범주 간에는 일관된 위계 관계를 찾을 수 없다는 한계점을 가지고 있다. 따라서 과학교육 분야에서는 Klopfer(1971)의 과학목표 영역분류가 더 의미 있게 받아들여지고 있다(<표 3-2>). 특히 Klopfer의 분류 틀은 과학의 중요한 특성인 탐구 과정에 대한 자세한 목표영역을 제시하고 있다. 탐구과정 Ⅰ, Ⅱ, Ⅲ, Ⅳ를 설정해 각 탐구단계에서의 목표를 분류했다. 또한 인식(orientation)이라는 영역을 설정해 현대 과학철학에서 주요한 논의 대상인 과학의 여러 진술에 대한 관계 인식, 탐구과정의 철학적 한계 및 영향 인식, 역사적 이해와 과학, 기술, 경제와의 관계 인식 등 STS적 관점을 설명하고 있다.

McComack & Yager(1989)는 목표영역을 5가지 영역으로 나누어 설명하고 있는데 이 중 지식·이해, 탐색·발견, 상상·창의는 Bloom의 영역 중 인지적 영역에 해당하고 감정·가치는 정의적 영역, 사용·적용은 인지적 영역과 심동적 영역에 공히 해당하는 것으로 분류할 수 있다(<표 3-3>).

〈표 3-1〉 Bloom의 교육목표 분류(김찬종 외, 2004)

행동영역	목표영역	행동 특징
인지적 영역 (cognitive domain)	지식	인지나 재생에 의해 자료 또는 현상을 기억해 내는 활동. 회상, 재인, 암기, 기억
	이해	번역 능력, 해석력, 추론력. 자신의 언어로 기술하기, 그래프 해석하기 등
	적용	방법, 원리, 학설, 추상개념의 이해를 기초로 새로운 문제나 사태에 그 방법, 개념, 원리를 적용하여 문제를 해결하는 능력. 문제 해결, 정보를 작용하여 어떤 결과를 얻기
	분석	요소의 분석, 관계의 분석, 조직적 원리의 분석. 어떤 것을 분해하여 그것의 조립 원리를 밝히기
	종합	독특한 의사 전달 방법의 창출, 추상적 관계의 도출. 언어적 형태나 물리적 형태로 고유하고 독창적인 산물을 창출
	평가	어떠한 목적으로 아이디어, 작품, 해답, 방법, 소재 등의 가치를 판단. 준거를 세우고 적용하여 자료의 가치를 판단하는 능력

정의적 영역 (affective domain)	수용	학습자가 현상과 자극을 받아들이려고 하거나 또는 그것에 주의를 기울이거나 관심을 두는 것
	반응	어떤 현상이나 자극에 적극적 참여를 보임
	가치화	사물이나 현상에 의미와 가치를 부여하는 내면화의 정도
	조직화	가치를 종합하여 내적으로 일관적인 가치 체계를 확립
	인격화	가치가 조직되고 한 개인의 생활을 지배해 개인의 생활양식으로 수용되어 한 개인에게 행동 체계를 갖게 함
심동적 영역 (psycho－motor domain)	반사운동	개인의지와 관계없고 학습목표로 설정될 수 없으나 향후 운동기능의 기초가 됨
	초보적 기초운동	반사적 운동과 반사적 운동의 통합
	지각능력	감각기관을 통해 지각 해석하고 환경에 대처 적응하는 기능
	신체적 능력	연속, 숙달운동에 필요한 기초기능
	숙련된 운동기능	동작에 능률성, 숙달성, 통합성이 포함된 기능
	동작적 의사소통	신체적 동작을 통해 감정, 흥미, 의사, 욕구를 표현

〈표 3－2〉 Klopfer의 과학교육목표 분류(김찬종 외, 2004)

영역	세분화된 행동 영역	
지식과 이해	·특수지식 ·과학용어 ·개념 ·과학적 문구와 규칙 ·탐구방향과 결과 ·분류, 범주, 준거	·과학적 기술과 절차 ·과학의 원리와 법칙 ·이론과 개념체계 ·과학지식의 재음미 ·과학지식의 변환
탐구과정 (Ⅰ) 관찰과 측정	·사물 및 현상 관찰 ·과학적인 관찰기술	·측정도구 선정 ·측정치 추정 및 정밀관계
탐구과정 (Ⅱ) 문제인식 및 해결방법 탐색	·문제인식 ·가설설정	·가설검증방법 선정 ·실험설계
탐구과정 (Ⅲ) 데이터 해석 및 일반화	·데이터 처리 ·데이터 공식화 ·데이터 해석 및 관찰	·예측 ·가설검증 및 평가 ·일반화(잠정적 결론)
탐구과정 (Ⅳ) 이론적 모델의 설정, 검증 및 수정	·이론화 필요성 인지 ·이론모델 형성 ·관계 상세화	·이론모델에서 가설 연역 ·모델의 해석 및 검증평가 ·수정모델, 확장모델 형성

과학적 지식과 방법의 적용	· 같은 과학 분야의 새로운 문제에 적용 · 다른 과학 분야의 새로운 문제에 적용 · 과학 이외 분야의 새로운 문제에 적용
조작적 기능	· 일반실험기구 활용 가능 · 일반실험실에서의 안전한 실험기술의 활용
태도와 흥미	· 과학 및 과학자에 대한 긍정적 태도 · 탐구과정을 사고방법으로 수용 · 과학적 태도의 수용 · 과학학습과 경험을 즐김 · 과학 및 과학 활동에 대한 흥미 증진 · 장래 직업으로서의 과학에 대한 흥미 증진
인식	· 과학의 여러 진술에 대한 관계 인식 · 탐구과정의 철학적 한계 및 영향 인식 · 역사적 이해 · 과학, 기술, 경제와의 관계 인식 · 과학적 탐구와 그 결과에 대한 사회적·도덕적 시사성 인식

<표 3-3> McComack & Yager의 목표분류(김찬종 외, 2004)

영역	행동 특징
지식·이해	· 구체적인 정보(사실, 개념, 원리, 이론, 법칙)를 학습한다. · 과학의 역사와 철학에 대한 지식을 탐구한다.
탐색·발견	· 과학적 탐구과정(관찰, 기술묘사, 분류, 조직, 측정, 도표화, 의사소통, 예측, 추론, 가설설정, 가설검증, 변인통제, 자료해석, 장치, 간단한 설계, 물리적 모형 제작 등)을 활용하여 실제 과학자가 어떻게 생각하고 연구하는가를 배운다. · 인지기능뿐만 아니라 조작적 기능을 사용한다.
상상·창의	· 지적 이미지를 생성하거나 가시화한다. · 사물과 아이디어를 새로운 방식으로 조합한다. · 사물의 대안적·비통상적 용도를 찾아낸다. · 문제와 수수께끼를 해결한다. · 상상(공상)한다. · 흉내 낸다. · 장치, 기계를 고안한다. · 비통상적인 아이디어를 만들어 낸다.
감정·가치	· 과학, 학교, 교사, 자신에 대하여 긍정적 태도를 기른다. · 인간의 감정을 탐색한다. · 타인의 느낌에 대한 감수성을 기르고 존중한다. · 건설적인 방식을 개인적인 느낌을 표현한다. · 개인적 가치와 사회적·환경적 쟁점에 관한 의사 결정을 한다.

사용·적용	·일상생활에서 과학적 개념을 사용한다. ·공부한 과학개념, 기능을 실제 기술적 문제에 적용하다. ·가정용품과 관련된 과학적·기술적 원리를 이해한다. ·일상생활에서 발생하는 문제를 해결할 때 과학적 과정을 활용한다. ·과학적 발달에 관한 대중매체의 보고내용을 이해하고 평가한다. ·소문과 감정보다는 과학적 개념이 들어 있는 지식에 근거하여 개인의 건강, 영양, 생활양식과 관련된 의사 결정을 한다. ·과학을 다른 주제와 통합한다.

3. 교육목표의 성격

교육목표는 학습경험을 결정하고 학습활동을 지도하는 데 있어서 명확한 지침을 줄 수 있을 정도로 구체적이고 명료한 용어로 진술되어야 한다. 또한 인간의 다양한 특성과 변화를 충분히 포함할 수 있을 만큼 포괄적이어야 하고 설정된 교육목표들 사이에는 철학적 일관성이 있어야 한다. 교육목표는 실현 가능한 것이어야 하고 모든 교육행위 속에 내면화되어야 한다.

4. 교수－학습 목표의 진술

교육목표가 실제 수업에 적용되기 위해서는 교수－학습 목표의 형태로 보다 구체화되어야 한다. 교수－학습 목표는 가장 실제적인 교육현장에서의 준거를 제공한다는 점에서 의미가 있다. 교수－학습 목표는 기본적으로 학습자의 입장에서 진술되어야 한다. 교수－학습 과정은 결과적으로 수업을 의미하므로 수업목표로 해석할 수 있다. 수업목표는 특히 학습결과의 측면에서 진술되어야 하고 하나의 진술문 속에 두 가지 이상의 목표를 표현하지 말아야 한다. 또한 구체적인 평가의 준거가 제시되어 학습결과에 대한 평가에서 평가기준으로서 기능할 수 있어야 한다.

1) Tyler의 수업목표 진술

Tyler(1969)는 수업목표를 진술함에 있어서 하나의 목표는 내용과 행동 차원에서 진술되어야 함을 강조했다. 일례로 '옴의 법칙을 사용하여 주어진 회로에서 전류의 세기를 계산할 수 있다'는 목표에서 내용은 옴의 법칙을 이해할 수 있다는 것이고 행동은 전류의 세기를 계산할 수 있다는 것으로 볼 수 있다.

2) Mager의 행동적 수업목표 진술 방법

Mager(1984)는 수업목표를 진술할 때 행동목표로 진술되어야 함을 강조하면서 세 가지 조건을 제시했다.

첫째는 성취수준으로 이는 학생이 나타낼 수 있는 도착점 행동을 의미한다. 둘째는 조건으로 성취행동을 나타낼 수 있는 상황이나 조건을 제시하는 것이다, 구체적으로는 사용될 학습재료, 시간과 장소, 주어질 정보 등이 이에 해당한다. 셋째는 기준으로 이는 평가기준을 제시하는 것으로 볼 수 있는데 교사의 기대치를 의미한다.

〈표 3-4〉 Mager의 목표 진술 예시

목표	성취	조건	기준
1	이름을 댈 수 있다.	5개의 화산이 포함된 지도를 보고	최소한 3개 지역의
2	이름을 말할 수 있다.	식물 그림을 보고	주요 4부분의
3	무엇이 잘못되었는지 지적할 수 있다.	단어 표기가 잘못된 문장을 보고 규칙에 따라	각 단어는

　Mager의 진술 방식은 Tyler의 진술문보다 좀 더 구체적이기는 하지만 단점도 있다. 단점으로 지적되고 있는 사항은 첫째, 조작하기 쉬운 행동에만 집중하게 되고 보다 중요한 수업목표를 과소평가하기 쉽다는 점이다. 다음으로는 수락할 수 있는 준거가 가진 타당도가 불분명하다는 점이고 또한 수업목표를 사전에 지나치게 세분화하여 학급에서 예기치 않게 발생하는 수업 기회를 이용할 수 없다는 지적도 제기되고 있다.

3) Gagné의 진술방법

　Gagné는 목표 진술할 때 학습능력에서 변화시킬 목적을 분명히 해야 한다고 강조하면서 학습능력을 나타내는 일반동사를 활용하도록 하고 있다(김찬종 외, 2004). 또한 행동이 나타날 수 있는 상황과 학습자가 해내야 하는 대상을 제시해야 한다고 강조했다. 예를 들어 '긴 문장을 제시했을 때 전동타자기를 이용하여 타자를 함으로써 한 개의 복사본을 만들 수 있다'는 진술 형식을 제시하고 있다. 그러나 이 진술방식은 너무 구체적이고 세분화되어 있어 수업목표를 진술하기 어렵고 형성평가에는 적합하나 총괄평가에는 부적당하다는 지적도 받고 있다.

4) Gronlund의 행동목표 진술 방법

Gronlund(1972)는 목표 진술에서 일반적인 학습성취를 진술하는 일반목표와 각 수업목표 달성을 위한 세부적인 구체적 행동을 진술하는 세부목표로 나누도록 하고 있다.

* 일반목표
 - 기상도에 사용된 기호를 응용한다.

* 세부목표
 - 기상도에 나타나는 기호를 확인할 수 있다.
 - 기호를 사용하여 기상도를 해석할 수 있다.
 - 기호를 사용하여 기상도를 만들 수 있다.
 - 기호를 사용하여 기상도로부터 날씨를 예측할 수 있다.

Part 04

과학교육 프로그램 개발 모형

1. 과학교육 프로그램 개발의 모형

1) 전통적 합리주의 모형

이 모형은 교육 프로그램 개발에 있어서 가장 전통적인 방식이다. 이 모형은 합리성에 초점을 두어 교육의 효율성을 증진하기 위한 프로그램 개발을 강조하고 있다. 대표적으로 Tyler의 목표모형이 이에 해당된다.

이 모형은 교육의 목적과 목표를 명세화하고 그에 따른 학습경험을 선정 조직하며 목적과 목표에 준하여 성과를 평가한다는 입장이다. 결과적으로 이 모형은 교육 프로그램 개발의 합리성과 실천성을 강조하며 학습경험을 목표라는 결과에 도달하기 위한 수단으로 보는 관점이라고 하겠다.

2) 자연주의 모형

이 모형은 전통적 합리주의 모형에서 중시하는 목표 명세화를 거치지 않고 실제적인 학습지도 내용에 더 주안점을 두며, 교육목표에 의한 학습자의 행동 결과보다는 교육내용을 통해 나타난 학습자의 행동 자체에 관심을 갖는 관점이다. 일종의 합의적 순환 모형으로 볼 수 있는데 프로그램 참여자의 추론 과정에서 경험의 공유를 통해 합의된 결정에 도달하는 특징을 지닌다. 따라서 이 모형에서는 교육목표에서부터 학습내용이 도출되는 것이 아니라 교육 프로그램 내용을 진행하는 과정에서 목표가 결정된다.

3) 체제적 접근모형

이 모형은 교육 프로그램을 하나의 체제로 보고 그 과정이 순환적이며 통합적인 단계로 이루어져야 함을 강조한다. 체제적 접근법의 대표적인 이론은 Gagné의 수업설계이론에서 찾아볼 수 있다.

Gagné는 수업설계의 전제 조건으로 개인차, 수업 기간의 단기와 장기, 경제성, 교육공학적 요소를 고려해야 한다고 강조하면서 수업 설계와 수업은 서로 분리하여 수행되어야 하고 학습자가 어떻게 학습하는가라는 인식에서부터 수업 설계가 이루어져야 한다고 강조했다.

특히 그는 학습과정이 학습에 대한 정보처리 이론의 기본적인 구조가 일련의 과정들로 이루어진다고 보았기 때문에 기억하고 회상하는 과정을 중시했고 그 결과는 전체적이고 조작적인 특성을 지닌다고 보았다. 또한 학습과정은 외적 변화의 영향을 받는데 외적 변화인 자극은 학습자들의 주의를 환기시키는 기능을 한다고 했다. 따라서 수업은 모든 내적 과정에 영향을 미치고 있는 외적 자극을 계속 공급하는 수단이 돼야 한다고 했는데 이 이론에 근거해 수업의 9단계 모형을 제시했다(<표 4-1>).

특히 Gagné는 수업 체제 설계를 위한 체제접근법을 개발했다. 체제접근법의 각 단계는 다음과 같다.

첫째, 수업의 필요성 조사단계이다. 수업의 필요성은 수업의 목적을 제시하고, 수업목적은 수업자료의 출처와 가용성 등을 참고하여 중요성에 따라 결정한다.

둘째, 수업목적을 교육과정 또는 단원의 틀을 개발하는 준거로 적용하며 단원목표를 확인하는 바탕으로 이용한다.

〈표 4-1〉 Gagné의 수업 9단계(조희형과 최경희, 2001)

포괄적 단계	단계	기능
학습의 준비	주의	학습자를 자극에 집중하게 한다.
	기대감	학습자에게 학습목표를 인식시킨다.
	작업기억에 회복	선수능력의 회상을 제공한다.
획득과 수행	자극 속성의 선택적 지각	중요한 자극의 속성을 작업기억에 임시 저장
	의미부호화	자극의 속성과 관련이 있는 정보를 장기기억에 전이
	회상과 반응	저장된 정보를 반응생성기에 보내 반응을 활성화
	강화	학습목적에 관한 학습자의 기대수준을 확인
학습의 전이	회상 개시	후에 능력을 다시 회상할 수 있는 암시 제공
	일반화	학습을 새로운 상황에 전이하도록 독려

셋째, 단원목표는 학습을 통해서 달성한다. 학습의 효과 및 결과를 학습자가 획득하는 능력으로 정의한다.

넷째, 학습자의 학습능력을 확인한다. 학습능력이 확인되어야 학습원리를 구체적으로 취급할 수 있고 학습의 내외적 조건이 결정된다.

다섯째, 학습조건에 따라 수업의 순서를 계획한다.

여섯째, 학습한 단원을 구체적이고 자세하게 설계한다. 학습단원은 행동목표를 바탕으로 설계되며 행동목표는 기대되거나 계획된 학습결과를 의미한다.

일곱째, 행동목표에 따라 학습지도안을 개발한다. 이때 학습지도안은 학습지도 자료와 보조 자료를 포함한다.

여덟째, 학습결과의 평가과정을 설계한다. 평가의 목적과 과정은 수업목표에 의해서 결정된다.

아홉째, 수업체제와 학습지도의 평가계획을 수립한다. 평가결과에 따라 수업체제와 학습지도방법 및 절차를 수정 보완한다.

4) 비판적 실천모형

기존의 프로그램 개발모형에서는 제한적인 공간에서 청소년을 교육하는 데에 한정했다면 비판적 실천모형은 지역사회 속에서 교육 프로그램을 적용시켜 나가야 한다는 관점이다(이재섭, 1989). 이 모형에서는 전통적 합리주의 모형이 프로그램 개발을 가치중립적 행위로 보는 데 대해 비판하면서 교육 프로그램 개발을 총체적인 과정으로 이해한다. 따라서 이 모형에서는 교육 프로그램을 통해 변화해 가는 대상으로 학습자뿐만 아니라 사회적 구조까지를 포함해 분석하고 있다. 즉 이 모형에서는 교육 프로그램 개발에 있어서 민주적 원리가 강조되고 개발 과정도 선형적인 단계가 아니라 순환적인 과정으로 이해하고 있다.

2. 과학교육 프로그램 개발 단계

과학교육 프로그램 개발 절차와 관련하여 참고할 만한 모형이 프로그램 개발 통합모형이다. 이 모형은 교육 프로그램 개발의 기획에서부터 설계, 마케팅, 실행, 평가의 각 단계를 통합적으로 구성하는 관점이다. 각 단계는 <표 4-2>에 제시했다.

1) 과학교육 프로그램 기획 단계

과학교육 프로그램 개발의 첫 단계로 프로그램 개발의 기본방향을 설정하는 역할을 한다. 기획 단계에서의 충실도가 궁극적으로 산출되는 결과인 교육 프로그램의 질을 결정한다고 볼 수 있다. 따라서 교육 프로그램 기획 단계에서는 논리적이고 체계적으로 프로그램의 기초를 다져야 한다. 이 단계에서는 개발을 담당할 인력을 구성하고 학교 등 실제 교육이 이루어질 기관을 분석한다. 또한 참여자 또는 학습자에 대해 분석하고 프로그램 개발의 타당성에 대해 조사한다. 타당성 조사에 근거해 교육 프로그램 개발의 기본 방향을 설정하게 되고 그 방향에 부합되는 아이디어를 브레인스토밍 등의 기법에 의해 도출해 낸다. 특히 기획 단계에서 학습자에 대한 요구분석이 이루어지게 되고 요구분석을 토대로 프로그램에 반영될 우선순위를 결정하게 된다.

2) 과학교육 프로그램 설계 단계

기획단계에서 학습자의 요구분석이 이루어지고 그에 따른 기본방향과 우선순위가 결정되었기 때문에 다음 단계인 설계 단계에서는 우선 교육 프로그램의 목적과 목표에 대한 명세화가 이루어져야 한다. 설정된 목표를 근거로 어떤 교수-학습 내용이 프로그램에 선정되어야 하는지 결정하고 그에 따른 내용의 계열화와 교수체제가 설계된다. 또한 학습내용 자체의 논리 구조와 학습자의 발달 수준을 고

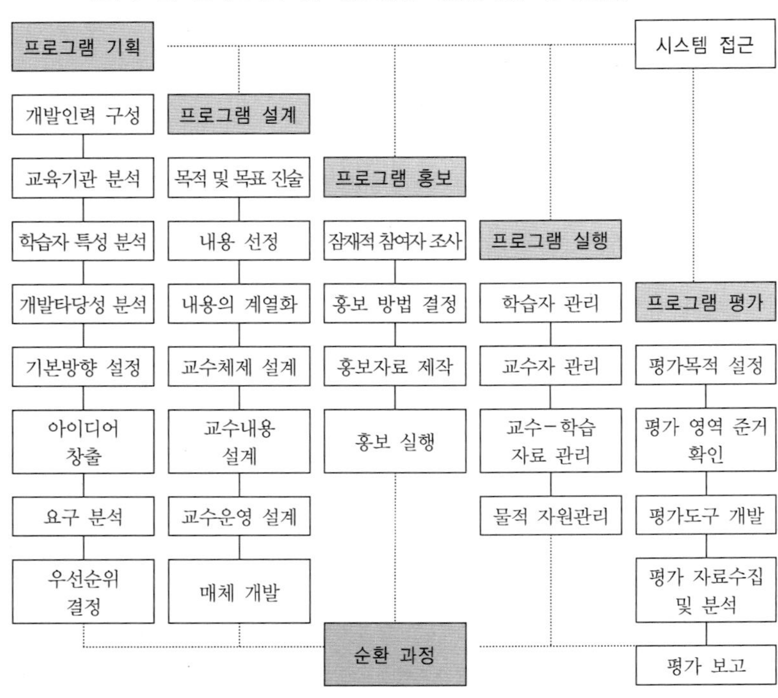

려하여 내용을 설계하고 그에 따른 구체적인 운영체제를 설계한다.
교수-학습의 과정을 더욱 효과적으로 운영하기 위한 다양한 매체의
선정과 조직도 이 단계에서 이루어진다.

3) 과학교육 프로그램 홍보 단계

일반적으로 학교 현장에서 실행되는 과학교육 프로그램인 경우는
별도의 홍보 단계가 필요하지 않지만 학교 밖 과학 문화 활동의 일환
으로 진행될 경우에는 광범위한 참여자를 대상으로 프로그램이 실행

되기 때문에 홍보 활동을 통해 많은 사람들이 참여할 수 있도록 한다. 특히 교육 프로그램의 성격에 따라 참여 대상의 연령대가 달라질 수 있으므로 프로그램에 대한 정확한 분석을 통해 잠재적인 참여자군을 대상으로 집중적인 홍보를 할 필요가 있다. 또한 홍보의 효과를 극대화하기 위해서는 적절한 홍보매체를 활용하는 것이 효과적이다.

4) 과학교육 프로그램 실행 단계

교육 프로그램의 핵심적인 주체는 교수자와 학습자이다. 따라서 실제 교수자와 학습자가 교육 프로그램을 전개하는 것은 프로그램의 가치를 판단하는 가장 중요한 단계이다. 실행 단계에서는 학습자와 교수자의 관리와 프로그램 실행에 요구되는 자료의 관리 등이 포괄적으로 이루어진다. 설계된 교육 프로그램은 실행의 과정에서 다양한 인적·물적 자원과 결합되어 실제적인 모습을 나타내게 되는 것이다. 특히 교수-학습은 상호작용 속에서 만들어지는 것이기 때문에 실행 단계에서 개발된 교육 프로그램에 관한 많은 시사점을 얻을 수 있다.

5) 과학교육 프로그램 평가

모든 프로그램의 평가는 프로그램의 실행과 적용으로부터 얻어진 결과를 토대로 이루어진다. 원래 프로그램 개발 의도가 잘 반영되었는지, 운영상에 문제는 없었는지 등이 체계적으로 검토되어야 한다. 이 단계에서의 수행은 향후 교육 프로그램의 개발에 피드백을 제공할 수 있기 때문에 실행된 교육 프로그램에 대한 다각적인 분석이 요구된다.

과학교육 프로그램과 요구분석

1. 요구의 정의

요구는 흔히 흥미, 바람 등의 의미로 쓰이는데 어떤 의미에서는 '문제'와 같은 뜻으로 사용되기도 한다. 즉 문제가 있다는 것은 현재 상태와 바람직한 상태에 차이가 있다는 것이므로 문제 상태는 요구가 있는 상태를 의미하는 것이다. 요구의 개념은 여러 가지로 설명될 수 있는데 그중 하나가 기본요구이다. 이는 인간의 전 생애에 걸쳐 발생되는 교육적 동기 또는 학습동기와 관련된 개념이다. 이와 관련해 Knowles(1970)는 교육 프로그램에서 기본요구는 고려되어야 할 요인이라고 주장했다.

다음으로는 학습자가 인식하고 있으나 행동으로 나타내지 않는 요구인 '느낀 요구'가 있다. 이에 비해 '표현된 요구'는 언어나 비언어적인 의사소통 수단을 통해 표출되거나 행동화된 요구이다. 예를 들어 설문조사 등을 통해 학습자의 요구를 분석하는 과정은 느낀 요구를 표현된 요구로 전환시키는 과정이라고 볼 수 있다(오인경과 최정임, 2009).

객관적인 차원에서 진단된 요구로 '규범적 요구'가 있다. 이는 학습자의 현재 상태와 바람직하다고 여겨지는 상태 간의 차이 혹은 부족분을 의미한다. 다른 형태의 요구로는 '비교 요구'가 있는데 이는 타인이나 다른 집단과의 비교에 의해 생성된 요구이다.

2. 요구분석의 필요성

요구분석(needs analysis)은 요구사정(needs assessment), 차이분석(gap analysis) 등 다양한 용어로 불린다. 요구분석의 목적은 상황과 주체 등 여러 가지 요인에 따라 달라질 수 있다. 일반적으로 교육 프로그램 개발에 있어서 요구분석의 목적을 다음과 같이 제시하기도 한다(한국청소년개발원, 2007).

첫째, 프로그램의 계획을 세우는 데 필요한 정보를 획득하기 위한 것이다.

둘째, 조직의 상황이나 시스템이 가지고 있는 문제점과 취약점을 발견하고 이를 개선하기 위한 것이다.

셋째, 프로그램의 평가를 목적으로 하는 경우이다. 흔히 해당 프로그램이 제공될 경우 주변 친구들에게 참여를 권유하겠는가 등에 대한 조사활동은 그 자체가 평가의 의미를 지니는 것이다.

요구분석은 교육기관만이 아니라 공적인 의사 결정이 활용되고 있다면 필요성이 있다고 볼 수 있다. 교육 분야에서 요구분석이 필요한 이유는 교육의 타당성을 미리 점검한다는 측면에서 의의가 있다. 여러 가지 수행의 문제에 직면했을 때 교육 프로그램을 통한 해결책을 모색하려면 무엇보다 구체적인 문제와 문제의 원인에 대한 분석이 일차적으로 이루어져야 할 것이다. 따라서 요구분석은 수행의 문제를 분석하고 그 문제를 해결하기 위해 가장 효과적인 방법을 결정하기 위한 체계적인 행동 절차라고 볼 수 있다(최정임, 2002).

수행의 문제에 초점을 둔 요구분석은 교육공학적인 측면에서도 중요하게 다루어지고 있다. 교육공학 분야에서 활용하고 있는 모형에서도 요구분석은 그 시작점에 놓여 있는 중요한 단계이다.

3. 요구분석의 단계

1) 요구분석의 상황 분석

요구분석의 첫 단계는 요구분석이 필요한 상황을 이해하고 이에 따른 정보를 분석하는 것이다. 일반적으로 요구분석이 수행되는 상황에 따라 요구분석의 목적과 수집할 정보의 종류와 유형이 달라질 수 있기 때문에 요구분석에 영향을 미치는 환경을 분석하고 이해하는 것이 중요하다.

2) 요구분석의 목적 설정

요구분석 상황에 대한 분석이 이루어진 후 요구분석의 목적을 설정해야 한다. 이는 요구분석을 통해 어떤 정보를 얻고자 하는가에 대해 명확한 근거를 마련한다는 점에서 의의가 있다. 흔히 요구분석을 통해 추구해야 할 목적은 최적(optimals), 실제(actuals), 느낌(feeling), 원인(causes), 해결 방안(solution)으로 나눈다(Rossett, 1987).

3) 정보의 출처 확인

요구분석 목적에 근거해 정보를 수집할 때 자신이 필요로 하는 정보를 누가 가지고 있는지, 그 정보를 얻을 때 영향을 미치는 요인은 없는지 등에 대해 결정해야 한다(오인경과 최정임, 2009). 이러한 상황을 종합해 가장 정확한 정보를 효과적으로 얻을 수 있는 경로를 확보하는 것이 효과적이다.

4) 요구분석 도구 선정

요구분석에 활용할 수 있는 도구들은 매우 다양하다. 문헌자료 분석에서부터 면담, 관찰, 설문조사 등이 있는데 어떤 도구가 요구분석의 목적에 적합한지 결정하는 것이 중요하다. 이 단계에서는 실제적으로 도구를 활용하기 위한 조건들, 예를 들면 실현가능성, 경제성 등의 요인도 함께 검토되어야 한다. 각 도구의 특징은 다음과 같다.

(1) 설문 조사

① 질문지 조사

질문지법은 객관적인 사실을 조사하거나 사람들의 의견, 태도 등을 알아보기 위해 가장 많이 사용하는 방법이다. 질문지 조사는 제작이 비교적 간편하고 적은 비용으로 활용할 수 있다는 점에서 유리하다. 또한 적절히 구조화한다면 개인적 생활 경험이나 심리적 특성을 조사할 수 있다(배장오, 2008). 또한 충분한 시간이 제공된다면 성실한 답변을 얻을 수 있다. 반면에 피험자의 문항 이해력과 표현 능력에 크게 의존하기 때문에 인지능력이 부족한 피험자에게는 적용하기 어렵다는 단점이 있고 질문지에 응답한 내용의 진위를 확인하기 어렵다는 한계점도 있다. 또한 조사대상자를 한 장소에 모아 집단 조사를 하지 않는 한 회수율이 낮을 수 있다.

따라서 질문지를 작성할 때는 몇 가지 유의 사항이 있다.

첫째, 적절한 용어로 간결하고 명확하게 구성되어야 한다.

둘째, 가치중립성이 유지되도록 하고 읽기 쉽고 완성하기 쉽게 작성되어야 한다.

셋째. 이해하기 어려운 문항은 예를 제시해 이해를 돕고, 가급적 부정적인 진술은 배제하는 것이 좋다.

② 면접조사 또는 면담

면담은 정보제공자로부터 직접 이야기를 듣는 형태이므로 정보제공자의 보이지 않는 가치관, 의식, 사고방식 등을 정보제공자의 관점과 느낌을 토대로 들을 수 있다는 장점이 있다. 따라서 정확한 정보를 알아내기 위해서는 면담자가 알아내고자 하는 주제와 관련된 알맞은 질문을 고안해야 한다. 면담자의 성실한 태도는 정보제공자의 면담 태도에도 영향을 미치므로 사전 준비가 필요한 방법이다.

특히 면담은 설문 등의 다른 자료수집 방법보다 응답률이 높고 다양한 자료를 얻을 수 있다는 장점이 있지만 면담자가 사전에 면담과 관련한 교육을 받는 것이 효과적이다.

면담의 유형은 정보제공자의 수에 따라 집단면담과 개인면담으로 분류된다. 또한 형식에 따라 비구조화된 면담, 반구조화된 면담, 구조화된 면담으로 나누기도 한다. 비구조화된 면담(비형식적 면담)은 평상시의 자연 상태에서 대화상황과 비슷하게 진행되는데 대화의 내용이 사전에 정해진 것이 아니기 때문에 정형화된 상황에서 얻기 어려운 심층적 자료를 얻을 수 있다는 이점이 있다. 반구조화된 면담은 질문의 형식이 개방적인 형태로 진술되기 때문에 정보제공자는 자신의 입장, 의견, 느낌을 자유롭게 표현할 수 있다. 한편 구조화된 면담은 면담자가 미리 개발한 구조화된 계획에 따라 면담을 진행하는데 정보제공자의 자유로운 의사표현이 제한되어 주어진 척도나 선택형의 질문에 대하여 답해야 하는 형식으로 이루어진다. 이 밖에도 접근형태에 따라 자유면담, 사례지시, 시범 후 면담, 예상 후 면담 등의 방법도 있다.

면담을 위해서는 질문을 사전에 준비해야 하는데 특히 사전 연구과정을 거치면서 면담 질문을 수정하는 것이 더 좋은 질문을 작성할 수 있는 방법이다. 또한 면담을 효과적으로 진행하기 위해서는 정보제공자의 편의를 고려해 적절한 시간과 장소를 선정해야 한다. 또한 면담 지속 시간, 반복 횟수와 면담 기록 방법 등을 결정해야 한다.

③ 우편조사

이 방법은 대상자와 직접 접촉하는 것이 아니라 우편을 이용하여 간접 접촉함으로써 조사 자료를 수집하는 것이다. 일반적으로 조사 내용이 포함된 질문지, 반송용 봉투, 우표 등을 대상자에게 우편으로 발송함으로써 수행된다. 대상자를 직접 면담하는 것이 아니기 때문에 연구의 목적과 조사 내용 등을 직접 조사 경우보다 더 상세하고 충분히 알려야 한다.

비교적 신속하고 광범위한 지역에 대하여 실시 가능하고 응답자는 외부의 간섭이나 방해를 받지 않고 편한 시간에 조사에 응할 수 있다는 점이 장점이다. 그러나 질문지를 잘못 이해하거나 잘못된 응답을 보내 왔다 하더라도 이를 교정하기가 어렵고 조사를 원했던 사람과 응답자가 정말 동일한지조차 확인할 수 없다는 제한점이 있고 무엇보다 낮은 응답률과 회수율이 문제가 될 수 있다.

④ 전화조사

전화조사는 면접지를 통하여 간접 접촉으로 자료를 수집하는 방법으로 훈련된 면접 요원에 의해 미리 준비된 면접지로 이루어지는 것이 대부분이다.

개인면접에 비하여 비용 면에서 보다 효율적이며 신속하게 조사할 수 있고 광범위한 지역에 걸쳐 응답자를 구할 수 있다는 장점이 있다. 또한 필요에 따라 면접자가 질문을 분명히 하거나 추수질문, 주저반응에 독려를 함으로써 응답자를 도울 수 있기 때문에 신뢰성 있는 자료를 수집할 수 있다(김영종, 2007). 그러나 개인적인 문제나 혹은 민감한 쟁점에 대한 정보를 얻는 데 효과적이지 못할 뿐만 아니라 전화번호가 누락되어 있거나 전화조사 시점에서 자리에 없는 경우 표집 대상자의 편향성을 가져올 수 있다는 한계점이 있다.

⑤ 인터넷을 이용한 조사

이 방법은 전자우편이나 웹을 이용한 설문조사 방식으로 우편 조사와 방식이 유사하나 인쇄된 설문지가 아닌 문서파일을 응답자에게 발송한다는 점에서 차이가 있다. 전자우편을 이용하는 경우 우편을 이용하는 것에 비해 비용이 훨씬 적게 들고 설문지를 빠른 시간 내에 많은 사람에게 일괄적으로 발송할 수 있다는 점에서 유리하다. 또한 설문 문항에 대하여 응답자가 의문이 있는 경우에도 전자우편을 이용할 수 있으므로 즉각적으로 답을 줄 수 있고 웹을 이용하는 경우보다 실시간으로 응답자료를 전송받을 수 있으며 자료수집 이후 통계처리를 위하여 데이터를 다시 입력해야 하는 번거로움을 피할 수 있다는 장점도 있다(박희창, 2001). 그러나 전자우편을 이용하고자 하는 경우 사전에 전자우편 주소를 충분히 확보하고 있어야 하고 광고성 전자우편 등 때문에 응답자가 설문 조사 우편에 주목하지 않는 경우가 발생할 수 있다.

(2) 참여관찰(participant - observation)

전통 과학적인 패러다임에 기초해 관찰자와 참가자의 상호작용은 거의 없이 관찰에만 국한시키는 경우가 있다. 이외에 참여자로의 관찰자는 주로 관찰자로 남아 있지만 참가자들과 조금의 상호작용이 있는 경우이다(황정규, 1998). 관찰자로서 참여자는 관찰자보다는 참여자의 역할이 크며 참여자가 연구되는 매일 일상생활의 일원으로서 작용하면 할수록 객관적인 외부 관찰자로서의 안목을 잊어버릴 수 있는 위험이 있다. 완전참여자는 공동체 일원으로서 기능하는 경우이다.

참여관찰을 위해서는 짧은 기간 동안의 관찰만 가지고 편견을 갖지 않도록 해야 하고 유연하고 이해심 있는 관점을 가지고 친숙한 것이라도 다른 관점에서 볼 수 있도록 스스로에게 의문을 제기하면서 참여관찰에 임해야 한다.

참여관찰을 위해서는 기록할 수 있는 노트, 카드, 종이 등을 항상 휴대하고 시일이 지나면 노트기록만으로 상세한 상황을 회상할 수 없으므로 일과 후 자세한 상황을 회상 기록하는 과정이 필요하다.

(3) 비참여관찰

비참여관찰은 현장에서 일어나는 사건에 개입되지 않고서 그 사건을 관찰하고 기록하는 것으로 관찰자는 주로 기록자의 역할을 수행한다.

구체적인 방법으로는 대화의 흐름 속에서 행동의 흐름을 분석하고 기록하는 것으로 참여자가 행동하고 말하는 내용을 분단위로 정확하게 기록하는 방법인 행동흐름의 연대기를 통한 자료수집, 인간에게 근접한 공간영역의 문화를 연구하며 의사전달 수단으로써의 몸집 및 표정 등을 연구하는 공간 근접성에 따른 상호작용 및 행동형태 수집, 관찰자에 의해 현장에서 즉시 만들어질 수도 있으며 표준화된 조사 활용하는 상호작용 분석의 조사를 통한 자료수집 방법 등이 있다.

(4) 인공물의 수집 및 내용 분석

이 방법은 참여자와 상호작용을 거의 하지 않고도 그 시대 사람들이 만들고 기록한 것들의 수집과 내용 분석을 통해 당시 사람들의 견해나 가치관 및 느낌, 그들의 감각 또는 경험을 이해할 수 있다는 장점이 있다(김석우와 최태진, 2007).

소설, 신문, 일기 등을 포함하여 문서 또는 한 사회집단 안의 참여자들에 의해 보유된 설명지, 상징적 기록 등 문헌으로부터 정보를 수집하거나 포트폴리오 등을 통해 다양한 목적이나 관계자들을 위하여 실제의 작업 샘플, 인공물, 결과물 등을 체계적으로 수집하는 것 등이 여기에 해당된다.

4. 요구분석 계획

요구분석 계획을 세우는 것은 요구분석을 실행함에 있어서 보다 구체적인 실행 가능성을 높여 준다는 점에서 의의가 있다. 요구분석 계획서에 정해진 형식이 있는 것은 아니지만 일반적으로 문제상황, 요구분석의 목적, 사용될 요구분석 도구, 요구분석 절차, 요구분석 실행 일정 등이 포함된다.

5. 요구분석 실행

작성된 요구분석 계획서에 따라 실제 자료수집을 수행한다. 다양한 자료수집 도구를 활용해 질적 자료와 양적 자료를 얻는 단계이다.

6. 결과 분석 및 보고

요구분석 실행을 통해 자료수집이 끝나면 자료분석을 실시하고 그에 따른 문제 해결 방안을 정리한다. 여러 가지 해결 방안들과 그에 따른 우선순위를 검토해 의사 결정에 도움을 줄 수 있는 구체적 지침을 세운다.

Part 06

과학교육 프로그램 설계

1. 과학교육 프로그램 설계의 원리

과학교육 프로그램이 일정한 수준과 일관된 체계를 유지하기 위해서는 설계부터 실행과 평가에 이르기까지 통일된 원리에 근거해 구성되어야 한다. 따라서 교육 프로그램 설계 원리는 프로그램 목표 설정 원리, 프로그램 내용의 선정과 조직 원리, 프로그램 전개의 선정과 조직 원리, 프로그램 평가의 설계 원리 등으로 나누어 설명할 수 있다.

1) 목표설정 원리

교육 프로그램의 목표는 철학적 이념부터 사회적 요구, 개인적 요구 등 다양한 필요를 충족시켜야 한다. 이에 대해 미국의 국가과학교육 기준(서혜애 외 역, 2000)에서는 "과학 프로그램은 학생 성취에 대한 목표와 기대에서 출발한다. 또한 과학프로그램은 교육과정 체계 속의 과학내용을 선택과 조직, 교수 방법, 평가전략들을 포함한다. 과학프로그램의 목표는 프로그램의 철학과 이상을 말해 주고 프로그램을 통해 성취하고자 하는 목적을 제시한다"고 명시하고 있다.

교육 프로그램의 목표를 설정할 때에는 우선 목표가 구체적인 행동 용어로 제시되어야 한다. 교육 프로그램의 목적이 참여자에게 긍정적인 효과를 이끌어 내기 위한 것이기 때문에 구체적인 행동 변화가 나타나려면 어느 정도의 시간이 필요한지에 대한 진술도 제시되어야 한다. 또한 프로그램 평가를 위해 평가준거도 제시되어야 한다. 그리고 설정된 목표는 교육 프로그램 참여자 모두가 이해할 수 있도록 충분히 알리고 프로그램이 진행되는 동안에도 재확인할 필요가 있다.

2) 내용 선정과 조직 원리

일반적으로 교육내용을 선정하고 조직하는 데는 다양한 원리가 적용될 수 있다. 특히 교육 프로그램인 경우 학습자의 발달 수준과 흥미, 환경 요인 등에 대한 이해가 기본적으로 전제되어야 한다. 또한 교육 프로그램의 내용을 조직할 때는 그 자체의 논리 구조도 고려되어야 한다. 따라서 전체적으로 계열성을 유지하는 것이 매우 중요하다.

계열성은 Bruner의 이론에서 강조하고 있는 개념이다. 계열성이란 학년이 올라감에 따라 학습내용이 단절됨이 없이 연결되어야 한다는 계속성과 내용 간에는 종적 관계가 유지되도록 해야 한다는 조직의 원리를 일컫는 것이다. 즉 교육 프로그램 내용의 선후관계를 나타내는 원칙으로 논리적 조직과 심리적 조직에 의해 보장된다고 볼 수 있다. 논리적 조직이란 지식 체계 자체의 논리적 순서와 구조에 따른 조직을 의미하고 심리적 조직은 학습자의 인지적 발달수준과 심리적 상태에 따른 조직을 뜻한다. 따라서 계열성은 이 두 가지의 조직 원리를 함께 고려해야 한다는 의미이다.

교육 프로그램에서 계열성이 중요한 또 하나의 이유는 학습자가

지식을 이해하거나 습득할 때 겪는 곤란도에 직접적인 영향을 미치기 때문이다. 또한 학습자가 대안을 탐색하는 방법과 과정에도 영향을 줄 수 있다. 따라서 계열성은 학습의 속도, 망각의 난이도, 학습된 것의 새로운 사례에 대한 전이 가능성, 표현양식, 경제성, 새로운 가설들을 생성할 수 있는 유효력 등의 준거를 바탕으로 결정할 수 있다.

이에 대해 Knowles(1980)는 몇 가지 내용 선정 및 조직 원리를 제시하고 있다.

첫째, 타당성의 원리이다. 이것은 교육과정에 개발에 관한 Tyler의 모형과 같은 맥락으로 해석될 수 있다. 즉 교육 프로그램의 내용 선정과 조직은 기본적으로 프로그램 목표를 충실히 반영해야 한다는 것이다. 이 타당성의 원리는 프로그램 평가에서도 중요한 평가의 척도가 될 수 있다.

둘째, 범위의 원리이다. 이는 교육 프로그램의 내용은 전이 가능성이 높은 것이라야 한다는 것이다. 이때 전이는 후속 학습에 긍정적 영향을 미치는 정적 전이를 의미한다. 또한 구체적인 기술과 기능 습득을 설명하고 있는 명세적 전이, 원리 학습과 관련된 비명세적 전이를 포함하는 의미이다. 특히 전이 가능성이 높다는 것은 단순히 지식의 전달이 아닌 문제 해결과 탐구력, 태도 등 넓은 범위의 효과를 전제로 하고 있다.

셋째, 계속성의 원리이다. 이때 계속성이란 프로그램 내용 사이의 계속성뿐만 아니라 내용의 수준 간의 계속성, 경험의 계속성 등을 포괄하는 개념이다.

넷째, 계열성의 원리이다. 앞서 설명한 바와 같이 계열성의 원리는 교육 프로그램의 내용이 단순한 것에서부터 복잡한 것으로, 쉬운 것부터 어려운 것으로, 또한 일반적인 것으로부터 특수한 것으로 조직되어야 한다는 뜻이다.

다섯째, 통합성의 원리이다. 계열성이 내용의 종적 구성과 관련되어 있다면 통합성의 원리는 횡적 구성과 연관된다. 즉 교육 프로그램의 각 내용은 상호 간에 통합적으로 구성되어야 한다는 것이다.

3) 과학교육 프로그램 전개 방법 선정과 조직 원리

과학교육 프로그램의 내용이 선정되면 구체적으로 교육내용을 전개할 방법에 대한 설계가 필요하다. 이를 학습경험이라고 볼 수 있는데 학습경험은 교육 프로그램의 목표를 효과적으로 획득할 수 있는 다양한 방법과 활동들로 구성되어야 한다. 전개방법에 대한 설계는 학습자의 특성에 대한 이해를 바탕으로 이루어져야 하고 교육 프로그램에서 활용할 수 있는 다양한 교수－학습 전략에 대한 충분한 검토가 선행되어야 한다. 이와 관련해 스스로 교육 프로그램에 주도적으로 참여하려고 하는 자기주도성, 교육 프로그램의 주체들과 상호작용하려는 상호성, 다양성, 참여교육 등의 원리가 기본적으로 충족되어야 한다는 지적이 있다. 이 밖에도 과학교육 프로그램에서는 학습자들의 탐구를 격려할 수 있는 전개 방법과 다른 교과목과의 연계성 등도 고려할 만한 항목으로 주목받고 있다. 이와 관련해 미국국가과학교육기준(서혜애 외 역, 2000)에서는 다음과 같이 제시하고 있다.

"탐구는 모든 학년, 모든 과학 영역의 과학프로그램의 중요한 요소이다. 따라서 교육과정과 프로그램의 설계자들은 교수 전략과 평가

전략뿐만 아니라 내용 접근방법에서도 탐구를 통한 과학적 이해의
습득을 강조해야 한다. (중략) 과학프로그램들이 상호 간에 그리고
다른 교과목의 프로그램들과 조화를 이룰 때 과학뿐만 아니라 사회,
어학, 기술 등 다른 교과목에서도 학생들의 성취가 향상될 것이다."

4) 교수 설계모형

교수-학습 체제는 많은 학습이론과 교육철학이 반영될 수 있다.
교수-학습 체제설계는 이 체제를 만들어 내는 과정이라고 볼 수 있
다(송상호 외, 2007). 따라서 교수-학습 체제 설계모형은 교수-학습
과정을 기술, 설명, 처방하기 위한 체제와 그 설계 과정을 단순화하여
제시한 것이다(김인식 외, 2004). 다양한 모형들 중 몇 가지 설계모형
의 특성에 대해 알아보고자 한다.

(1) ASSURE 모형

Heinich et al(2002)은 수업 설계모형으로 ASSURE 모형을 제시한 바 있
다. 총 6단계로 이루어진 이 모형에서 각 단계의 특징은 다음과 같다.

- Analyze learners(학습자 분석): 학습자의 일반적인 특성과 출발점
  능력, 학습양식 등을 검사지나 인터뷰 등을 통해 분석한다. 출
  발점 능력은 학습자가 학습하기 이전에 반드시 갖추어야 할 사
  전 지식과 기술, 태도 등을 의미한다.
- State objectives(목표 제시): 목표를 제시하고 그 목표의 성취에 알
  맞은 교수 매체를 선정하며 그를 위한 환경과 평가기준을 제시
  한다. 목표를 제시할 때는 대상을 명확히 하고, 그 대상이 학습
  후 갖게 될 새로운 능력을 행동 동사로 기술하게 된다.

- Select media and materials(교수 매체와 자료의 선정): 기존의 자료를 검색하고 목표에 맞게 수정하거나 새롭게 제작한다.
- Utilize media and materials(수업 도구와 자료의 활용): 수업에 사용하기 전에 먼저 내용을 확인하고 연습한 후 학습자들에게 미리 매체에 대한 정보를 주어야 한다.
- Require learner participation(학습자의 참여 이끌기): 학습자의 참여를 이끌어 낼 수 있는 토의, 퀴즈, 연습문제 등을 준비한다.
- Evaluation and revise(평가와 수정): 학습자의 성취도를 측정하고 매체와 방법에 대해 평가한 후 수정이 필요한 부분을 파악한다.

(2) ADDIE 모형

교수설계모형 중 하나인 ADDIE 모형은 분석, 설계, 개발, 실행, 평가 5단계로 구성되어 있다. 각 단계의 자세한 내용은 다음과 같다.

- Analysis(분석): 요구분석, 학습자분석, 환경분석 등
- Design(설계): 수행목표 명세화, 평가도구 개발, 계열화, 교수 전략 및 매체선정
- Development(개발): 교수자료 개발, 파일럿 테스트 및 수정
- Implementation(실행): 사용 및 설치, 유지 관리
- Evaluation(평가): 교육의 성과 평가

이 모형은 개발 단계에서 학습자에 대한 분석을 다각적으로 실시하기 때문에 학습자 지원전략을 충분히 고려할 수 있다는 장점이 있다. 또한 체제적 접근 방식을 기초로 하기 때문에 목표와 내용, 활동, 평가 간 일관성을 유지하기 용이하다(Smith & Ragan, 1999).

(3) 한국교육과정평가원의 교수-학습 콘텐츠 개발모형

한국교육과정평가원(2005)에서는 효과적인 교수-학습 콘텐츠를 개발하기 위한 모형을 설계했다. 이 모형은 ADDIE 모형을 토대로 하여 분석, 설계, 개발, 평가 및 수정 4단계로 구성되었다. 각 단계의 자세한 내용은 다음과 같다.

- 분석: 요구분석, 학습자분석, 환경분석, 내용분석
- 설계: 교수-학습 절차 설계, 교수-학습활동 설계, 교수 전략 설계, 평가 설계
- 개발: 콘텐츠 제작
- 평가 및 수정: 수정 및 보완

(4) Dick & Carey의 체제적 접근모형

총 10단계로 구성된 교수 설계모형으로 체제적 접근방법을 활용하고 있다(김형림 외, 1996).

- 교수목표 결정: 학습자가 학습 후 무엇을 할 수 있게 되기를 원하는가라는 결정
- 교수분석: 교수목표가 정해진 뒤에 그 목표는 어떤 유형의 학습인가를 결정
- 출발점 행동 및 학습자 특성 분석: 하위 기능 분석이 이루어지고 설계하고자 하는 프로그램을 학습하기 위해 학습자들이 이미 가지고 있어야 하는 기능을 분석
- 성취목표 진술: 프로그램에 의한 학습이 끝났을 때 학습자가 할 수 있으리라고 기대되는 것이 무엇인지 진술
- 준거지향검사 문항 개발: 목표에서 가르치고자 했던 기능을 학

습자가 성취했는가를 알아볼 수 있는 검사문항 개발

- 교수 전략 개발: 현재까지 얻은 정보를 토대로 프로그램의 최종
  목표를 성취시키기 위해 이용하고자 하는 전략을 설정
- 교수 프로그램 개발 및 선정: 앞서 고안한 교수 전략에 근거해
  교수 프로그램을 개발
- 형성평가 설계 및 실시: 학습자 개인별 평가, 소집단 평가, 현장평가
- 프로그램 수정: 형성평가 결과를 바탕으로 어떤 목표를 학습하
  는 데 어려움을 겪고 있는지 파악
- 총괄평가 실시: 개발된 프로그램의 절대적 또는 상대적 가치를 평가

2. 프로그램 개발과 과학학습이론

과학교육 프로그램은 교수-학습 과정으로 구성되기 때문에 그 이
론적 기초를 과학학습이론에 근거하고 있다고 볼 수 있다. 행동주의,
인지론 등 다양한 학습이론들이 과학교육에 영향을 미쳐 왔는데 특
히 근래에 들어서는 구성주의적 관점이 주요한 이론적 토대를 제공
하고 있다.

구성주의적 관점은 관념론적 실체론과 상대주의 인식론에 기초하
여 과학과 과학지식의 본질을 규정하고 있다. 특히 과학지식은 가설-
연역적 특성을 지닌다고 보고 인지구조를 이루는 개념의 변화를 학
습으로 정의하고 있다.

1) 과학학습의 구성주의적 측면

구성주의적 관점에 따르면 새로운 지식을 획득하는 과정인 학습은 능동적이고 복합적인 특성을 지닌다. 특히 학습은 지각(perception), 영상(imagery), 조직화(organization), 정교화(elaboration)와 같은 과정이 능동적으로 상호작용하여 얻어진 결과라고 볼 수 있다. 따라서 학습자들은 더 이상 수동적인 수용자가 아닌 주관적이고 선택적이며 능동적인 소비자로 보는 것이 합당하다고 본다. 특히 학습자의 능동적 의미구성이 중요하기 때문에 학생들의 사전 지식, 기대, 선개념은 어떤 정보를 주의 깊게 선택해야 할지를 결정하게 하는 주요 요인으로 해석될 수 있다. 이러한 관점에서 본다면 교사가 학생들의 학습을 돕는다는 것은 학생들이 개념을 관계적으로 배우도록 돕는 것을 의미한다.

2) 과학학습심리학

과학학습심리학은 과학에 대한 학생들의 이해를 어떻게 증진시킬 것인가에 대한 연구다. 따라서 과학교육 프로그램을 개발함에 있어서 과학학습심리학에 대한 이해는 기본적으로 필요한 요소이다.

(1) 이해 증진을 위해 필수적인 것

학습자가 과학개념을 이해하기 위해서는 '직접 손으로 하는 것'과 '마음으로 하는 것' 두 가지 형태의 활동과 경험이 모두 필요하다(권성기와 임청환, 2000). 또한 학생들이 이해한 개념을 교과서의 표현대로 말하지 않고 자신들의 언어로 표현하도록 하고 과학적인 현상들

에 대한 흥미 있는 질문들을 구성하고 과학적 추론을 하도록 하여야
한다. 이때 과학적 추론에서 중요한 것은 '생각한 것 말하기'이다(Glynn
et al, 1990).

(2) 교과서와 교수방법

현대의 학교 과학교육과정은 전통적인 '교과서 중심'에서 '교사 중
심'으로 전환되고 있다. 교과서 중심 교육과정이란 교사의 관여가 거의
없는 형태의 교육과정으로 지식, 훈련, 경험이 부족한 교사들을 지지해
주는 역할을 하기도 한다. 그러나 교과서의 내용을 그대로 교수−학습
하는 형태이기 때문에 지역이나 학교, 개인의 특성 등이 반영되는데
구조적으로 한계를 가지고 있다. 따라서 오늘날에는 교사 중심 교육
과정이 더욱 주목받고 있다. 교사 중심 교육과정에서는 교과서가 여
전히 중요하지만 교사가 교수방법을 조절할 수 있다. 이때 교사 중심
교육과정이 효과를 나타내기 위해서는 교사가 과학 내용, 수업방식,
학생들의 학습과정, 발달과정에 대해 많이 알고 있어야 한다.

'모든 미국인을 위한 과학(science for all Americans)(1989)'에서는 다
음과 같이 강조하고 있다.

> "현재의 과학 교과서들과 교수방법들은 도움을 주기보다 종종 과학
> 적 소양을 향한 과정을 방해한다. 과학을 실제로 행하는 것보다 읽
> 기를, 논의보다 암송을, 전후 관계의 이해보다 단편적인 정보를, 비
> 판적 사고보다 기억을, 질문에 대한 탐구보다 답을 학습하도록 한
> 다. (후략)"

3) 조직화와 정교화 과정

구성주의 학습이론에서는 조직화와 정교화 과정이 학습의 핵심이라고 본다. 조직화는 학습한 개념들의 연결망을 구축하기 위해 필수적인 과정이다. 이때 과학교사들은 개념도 그리기와 같은 방법으로 학생들의 조직화를 도울 수 있다. 즉 학생들 스스로 개념도를 그리게 함으로써 점점 발전되고 세련된 개념도로 변화하게 되는데 이는 학생들의 인지구조 내에서 개념체계가 더욱 조직화되고 있음을 보여주는 것이다.

이에 비해 정교화 과정은 학생들이 이미 알고 있던 요소들과 새로운 정보 요소들을 연결시키는 것이라고 볼 수 있다(Glynn, 1989). 이때 학생들의 정교화 과정에 도움을 주기 위해 교사는 비유를 사용할 수 있다. 그러나 비유를 활용할 때 교사가 주의해야 하는 것은 적절하지 못한 비유는 오히려 오개념을 만들 수 있다는 점이다. 비유는 새로운 개념의 어떤 측면을 예측하고 설명하는 데 올바르게 사용될 수 있지만 어떤 점에서는 비유가 실패하면 오개념을 발생시킬 수도 있다(김영민, 2001).

4) 구성주의 학습이론에 기초한 과학교수-학습

(1) 학습순환과 교수순환

구성주의 학습이론에서는 과학수업의 과정을 학습순환과 교수순환의 과정으로 설명하고 있다. 학습순환은 탐색, 정교화, 평가의 단계로 일어나고, 교수순환은 학습과제 제시, 학생발전 점검, 학생 상호작용 점검의 단계로 구성된다(권성기와 임청환, 2000). 학습순환 과정에서 학습자는 학습과제에 참여하여 탐색하고 그 과제를 정교화하고 과제 완성에 대한 진행 정도를 평가한다. 그리고 학습순환의 세 단계는 교사의 안내하에 다른 학습자와의 상호작용을 통해서 이루어진다.

교수순환 과정에서 제시하는 학습과제는 학생의 지속적인 인지적 변화를 위해 계획된 목표 지향적인 활동을 의미하는데 예를 들어 문제 해결, 프로젝트 수행, 자연현상과 사건 설명, 의사 결정 등이 여기에 포함된다.

3. 프로그램 운영과 과학교수-학습 방법

과학을 어떻게 가르쳐야 할 것인가라는 과학교수-학습 전략과 방법의 문제는 과학교육계에서 지속적으로 연구해 온 주제이다. '모든 미국인을 위한 과학(1989)'에서는 이에 대해 사고력 계발에 더 많은 시간을 투자할 수 있도록 자료의 양을 줄이고, 학생들의 창의력과 호기심을 격려하는 것 등을 권고하기도 했다. 과학교수 학습에 대한 견해는 당시의 과학교육사상과 밀접하게 연관되어 있어서 그에 따라 다양한 방법이 강조되기도 했다. 특히 7차 개정 교육과정(교육과학기술부, 2008)에서는 효과적인 교수 학습방법은 학습내용이나 학습자에 따라 달라질 수 있음을 전제하고 따라서 교사는 학습효과를 높일 수 있도록 다양한 교수 학습방법을 활용하도록 권고하고 있다. 즉 과학교수 학습방법은 과학교육 현장에서 직접적으로 활용되는 방법일 뿐만 아니라 학습자나 학습내용과 밀접하게 연관되어 있음을 강조한 것이라고 볼 수 있다. 이 같은 맥락에서 과학교육에서 가장 어려운 일 중 하나는 수업의 방법을 결정하는 것이라는 주장(조희형과 박승재, 2001)이 제기되기도 했다. 일반적으로 교수 학습방법은 교수 학습 과정안을 적용하는 방법 또는 교수 학습의 일반적인 방법을 의미하는데, 이는 학습의 효과에 영향을 미치는 변인들 사이의 관계를 기술하고 설명하는 수업의 원리를 뜻한다(조희형과 최경희, 2008). 이처럼 과학교수 학습방법은 학교 과학교육을 실제적으로 구현하는 방법이라고 볼 수 있다. 따라서 과학교육의 이론과 실제를 담당하는 과학교육학자와 과학교사들은 과학교육 분야에서 교수 학습을 비중 있게 다루고 있다(권난주와 권재술, 2004). 실제로 선행 연구들(김정주, 2008; 문경원과 김영수, 2003; 원은실, 2002; 정진수, 2008)에서는 유아 및 중등학교 학습자, 과학 교사들을 대상으로 다양한 과학교수 학습방법에 관한 접근이 이루어져 왔다. 이 같은 연구들은 과학교육 분야에서 교수 학습방법이 갖는 기능과 의의를 보여 주고 있다고 하겠다. 따라서 과학학습의 촉진자로서의 교사와 지식을 구성하는 학생 간의 중요한 연결 수단이 바로 교수 학습방법이라고 볼 때 과학교수 학습방법에 대한 연구가 어느 정도 진행되어 왔는지 검토해 보고 또 앞으로 어떻게 전개되어야 하는가에 대해 논의하는 것은 의의가 있다고 할 수 있다. 교육과정을 바탕으로 교수 학습방법을 고려할 때 교육과정의 의도가 교육현장에서 자리 잡기 위해서는 '어떻게'가 핵심적인데 그것은 바로 교수 학습방법이 중요함을 의미한다(손영애, 2009). 이 같은 맥락에서 볼 때 과학교수 학습방법에 대한 국내 연구의 동향을 살펴보는 것은 과학교육 분야에서 다양한 교수 학습목표들이 어떻게 구현되고 있는지에 대한 시사점을 얻을 수 있다는 점에서도 의의가 있다.

외국의 경우 교수 학습방법에 관한 선행 연구들을 분석하는 연구 (Slavin, 1983; Lou, 1996 등)들이 이루어져 왔다. 그러나 국내에서는 과학학습이론이나 과학교육사조, 오개념 등 연구에 대한 메타분석(이선희 외, 2007; 김영민 외, 1987; 송판섭 외, 1999)은 행해졌지만 교수 학습방법에 대한 연구 동향을 분석한 연구는 극히 제한적이다. 따라서 지금까지 이루어진 과학교수 학습방법 관련 연구들에 대한 동향분석은 향후 과학교육현장에서 교수 학습방법을 선정, 운영하는 데 있어서 시사점을 줄 수 있을 것으로 기대된다. 특히 구성주의적 관점이 과학학습에 도입되면서 수업활동을 만들어 가는 학생과 교사, 수업환경 등에 대한 연구가 그 중요성을 더해 가고 있다(팽애진과 백성혜, 2005).

가르치고 배우는 과정과 절차를 가리키는 용어로는 교수 학습방법, 교수 학습전략, 교수 학습기법 등이 있다. 방법은 목적의 달성 과정에서 발생하는 문제 해결의 원리를 지칭하는 것으로, 학습자들이 목표를 달성하거나 내용·메시지를 내면화할 수 있도록 선택된 수업의 절차를 의미한다(이화여자대학교 교육공학과, 2001). 일반적으로 전략이란 어떤 과제를 해결해 내기 위해 의도적으로 준비·계획하여 조직적으로 수행하는 것으로 정의할 수 있다(김남점, 2000).

따라서 교수 학습전략은 주어진 학습목표를 효과적으로 성취하기 위하여 어떤 교수 학습의 내용과 과정을 어떻게 사용할 것인가에 대한 전반적인 계획이다(Rothwell & Kazanas, 1992). 한편 학습전략에 대해 Weinstein & Mayer(1986)는 학습목표와 학습과업 성취를 위한 과제 수행 양식으로 학습자 중심의 전략임을 제시하고 있다. 또한 교수 기법 또는 교수 전술은 교수 방법과 교수 전략을 실현하기 위한 구체적인 활동이나 기법을 의미하는 것으로 볼 수 있다. 실제로 과학교육학 관련 도서들과 연구논문들에서도 이들 용어는 다양한 의미로 사용되고 있다. 따라서 이 연구에서 교수 학습방법은 학습목표를 효과적으로 달성하기 위해 의도적으로 준비하고 계획한 교수 학습기법과 활동으로 정의할 수 있다. 다음은 과학교육 프로그램에서 활용할 수 있는 과학교수-학습 방법에 대해 알아보고자 한다.

1) 시범실험

(1) 시범실험의 의미

시범실험을 논리학적 측면에서 보면 증거를 제시하는 증명과정이라고 볼 수 있고 교육학적 측면에서는 일종의 실물교수법이다. 또한 과학적 현상과 주제에 관한 구체적인 예시를 보여 주기 위한 교사 위주의 수업으로 볼 수 있는 실험실 실험의 대안으로 활용되는 것이 일반적이다. 또한 강의를 통해 학습한 내용의 확인을 위한 관찰, 입증과정에서도 시범실험은 활용될 수 있다. 그러나 시범실험이 실험실 실험의 대안으로 활용되고 있다(Trowbridge & Bybee, 1996)고 하더라도 교수 학습결과에 있어서 실험실 실험과 동일한 효과를 내지는 못한다고 볼 수 있다. 수업의 전개 방식에 있어서 시범실험은 귀납적 수업의 형태를 띠고 있다.

(2) 시범실험의 기능 및 목적

① 기능

시범실험의 특성은 일차적으로 학생들로 하여금 학습한 지식과 정보를 확인하게 하는 것이다. 관찰 결과를 바탕으로 귀납적 과정을 통해 새로운 정보에 도달하게 하는 것이 일반적인데 단원이나 장을 소개할 때 또는 수업에 필요한 정보와 그 과정에 수반되는 여러 활동을 의미 있게 조직할 수 있는 선행조직자로서도 활용 가능하다(Chiappetta et al, 1998).

수업관리의 측면에서 볼 때 학생들의 주의를 한꺼번에 집중시킬 수 있어서 탐구학습 지도나 발견학습 지도에도 유용한 것으로 알려져 있다. 그러나 적절히 활용하지 못하면 역효과를 낼 수 있으며 학생들이 직접 수행하는 실험의 효과를 능가하지는 못한다.

② 목적

시범실험은 방법과 기술 보이기, 사물이나 표본 보이기, 현상 보이기, 사실과 원리의 확증, 응용 사례 제시, 문제 해결, 앞으로 탐구할 문제 확인, 사고의 유도, 개념, 원리, 핵심의 예시, 질문에 대한 대답, 관념의 검토, 단원 소개 등을 위해 활용된다.

(3) 효과적인 시범실험을 위한 조건들

시범실험이 과학교육 프로그램에서 효과적으로 활용되기 위해서는 시범실험을 통해 달성하고자 하는 목표는 명확하게 확인하고 진술하여야 한다(Callahan et al, 1995). 특히 시범실험은 영상적 교수 전략이기 때문에 교실 안에 있는 모든 학생이 쉽게 볼 수 있어야 한다. 그러기 위해서는 사용되는 도구가 가능한 간단하고 실제로 작동해야 한다. 또한 시범실험 시간이 너무 길어지면 학습자의 주의 집중이 떨어지기 때문에 적절한 시간 안에 이루어지도록 구성해야 한다.

(4) 시범실험의 유형

시범실험은 주체가 누구냐에 따라 여러 가지 유형으로 나뉜다. 유형마다 나름대로 교수-학습 과정에서의 효과가 있기 때문에 그에 대한 이해를 바탕으로 적절한 시범실험 유형을 활용해야 한다(Martin et al, 1997).

① 교사 시범실험

교사가 직접 시범실험을 하는 경우는 학생들이 실시하기에는 위험하다고 판단될 때이다. 그러나 위험성의 문제만이 아니라 다른 효과를 얻기 위해 교사 시범실험을 실시하기도 한다. 예를 들어 중요한 개념의 발달을 유도하기 위해 학생들을 집중시킬 때, 실험기자재의 수가 충분치 않을 때에도 교사 시범실험은 효과적이다. 또한 학생의 흥미를 끌고 중요한 질문을 통해 반성적·비판적 사고를 함양코자 할 때, 교수-학습한 경험과 내용을 새로운 상황에 적용하려 할 때에도 교사 시범실험을 활용하는 것이 좋다.

② 학생 시범실험

학생이 시범실험하는 경우는 학생들이 실험을 설계하거나 준비하였을 때이다. 특히 시범실험의 내용이나 과정이 교사보다는 학생이

수행해야 다른 학생들이 더 쉽게 이해할 때가 있는데 이는 학생 시범
실험이 교사 시범실험보다 훨씬 효과적이다. 이 밖에도 학생들이 자
신이 한 것을 말로 표현하기 어려워할 때나 학생들이 의사소통 기술
을 습득할 필요가 있을 때는 학생 시범실험이 적합하다.

③ 그 밖의 방법들

우선 교사와 학생이 함께 시범실험하는 경우를 들 수 있다. 이때는
학생들이 교사를 돕는 팀 접근법이 일반적으로 활용된다. 다른 방법
으로는 학생-단체 시범실험이 있는데 이는 학급을 몇 개의 분단으
로 나누고 각 분단이 실험하는 형식이다. 학생 단체가 아닌 개별학생
이 대표로 시범실험을 진행시키는 경우도 있다. 또한 특별한 자질이
있는 다른 과학교사나 과학자를 초청하여 실시하는 초청인사 시범실
험도 활용할 수 있다.

④ 언어적 시범실험과 비언어적 시범실험

시범실험은 그 접근법과 목적에 따라서도 분류된다. 특히 비언어
적 시범실험은 학생들이 세밀하게 관찰하고 정확하게 기록하고 실제
적으로 응용하게 하는 데 있어서 언어적 시범실험보다 효과적이라는
견해가 있다. 또한 비언어적 시범실험은 효과적인 평가도구로도 활용
가능하다(Trowbridge와 Bybee, 1996). 교사가 아무런 설명 없이 실험을
수행하고 학생들은 교사가 수행하는 과정을 관찰하면서 사전에 배포
된 문제를 해결하게 하는 방법으로 활용할 수 있는데 관찰하고 자료
를 해석하는 등의 탐구기능을 평가하는 데도 유용하게 적용될 수 있
다. 각 유형의 특징은 다음과 같다.

⑤ 예시시범실험과 조사시범실험

예시시범실험은 일반적으로 어떤 행동의 변화를 기대하지 않는 교수 학습방법이다. 따라서 단순히 학생들이 수행하기 어렵거나 위험한 기술과 기능을 보여 주고자 할 때 활용된다. 예를 들어 '이산화탄소가 물에 녹으면 그 물이 산성을 나타내는 것을 보여주기'라는 시범실험에서 교사는 산성을 보여 주는 것을 목적으로 시범실험을 활용한 것이다.

그에 비해 조사시범실험은 탐구기능의 함양에 목적을 둔 것이다. 과학실험을 통한 개념적 이해를 증진시키기 위해서라든지 혹은 문제에 대한 흥미를 유발하기 위해 조사시범실험을 활용하기도 하고 성취도를 요약하고 평가하기 위해 쓰이기도 한다. 예를 들면 '식물이 광합성을 할 때 필요한 물질 중 어떤 것이 물에 녹아 산성을 띠게 되는지 확인할 실험을 설계하기' 등이 조사시범실험에 포함된다.

〈표 6-1〉 언어적 시범실험과 비언어적 시범실험 비교(김찬종, 2004)

언어적 시범실험	비언어적 시범실험
목표를 교사가 말해 줌	시범실험이 수행되는 동안 학생 스스로 목표를 발견해야 함
도구의 이름과 쓰임새를 교사가 설명	교사가 도구 사용. 학생은 관찰
교사가 진행되는 과정을 말하고 결과를 설명 (조정자이자 전문적 기술자 역할)	교사는 실행. 학생은 관찰 후 결과 기술
교사가 일어난 일을 설명하고 예기치 않았던 결과를 설명	교사는 학생이 관찰 작성한 보고서의 정확성과 정직성을 살핌
교사가 결과를 요약하고 결론 도출	학생은 자신의 결론을 이끌어 냄. 교사는 결론 검토
실험의 중요성을 설명하고 일상생활의 응용 사례를 제시	학생들은 응용문제를 해결

(5) 장점과 단점

시범실험은 여러 가지 장점과 단점을 가지고 있다. 시범실험은 단순한 실험실 수업의 대체로서의 기능만 가지고 있는 것이 아니다. 과학교수-학습 전략으로서 고유한 기능과 역할이 있는 만큼 시범실험은 장단점이 있고 장점을 살리기 위한 환경 조성이 필요하다. 따라서 시범실험을 교수-학습 과정에서 활용하기 위해서는 교사가 이에 대해 충분히 이해하고 있어야 한다.

2) 실험

(1) 실험의 의미

실험은 새로운 사실을 발견하거나 이미 알려진 지식을 예증하기 위한 활동이라고 볼 수 있다. 실험하기 전에는 잘 알려지지 않았던 문제에 대한 해답이나 정보를 찾는 것이 탐구적 실험이라면 이미 알려진 과학적 사실, 개념, 일반화 등을 확증하거나 예증하는 증거를 제시하는 예시적 실험도 있다.

일반적으로 실험은 자연과학 분야의 주된 탐구방법이라고 볼 수 있다. 또한 변인들 사이의 관계에 대한 가설을 검증하는 데 많이 활용되고 있다. 실험을 실시하기 위해서는 연구 대상에 관한 어느 정도의 인식이 전제되어야 하고 도구와 기구가 사용되므로 특별한 기술이 요구되는 경우가 많다.

(2) 실험의 목적과 기능

실험과 관련한 대표적인 견해로는 과학학습 지도가 실험실습을 통해 이루어져야 한다는 생각이 있다. 이 견해는 여러 가지 이론적 근거에 바탕을 두고 있다. 우선 과학은 구체적 대상과 그것을 다루지 않고서는 학생들이 이해하기 어려운 복잡하고 추상적인 내용을 많이 포함하고 있다는 것이다. 따라서 실험활동은 학생들이 과학적 방법과 과학의 정신을 인식하는 데 도움이 된다고 본다. 또한 실험경험은 다양한 상황에서 적용할 수 있는 일반화의 기술 개발을 촉진한다. 학생들은 대체로 실험활동을 즐기며 그 결과 과학의 학습동기가 유발되고 과학에 대한 흥미를 갖게 된다. 따라서 실험은 추상적인 과학지식을 교수-학습하는 데 효과적이며 과학의 본질을 이해시키고 과학에 대한 태도를 함양시키는 데 유용한 교수법이라는 시각이 있다.

일반적으로 실험의 기능으로는 과학과 과학적 기술의 본성에 대한 학습, 문제 해결 기술의 습득, 조작적 기술의 습득, 주요한 개념과 원리의 학습, 흥미, 태도, 가치의 발달 등을 들 수 있다(Simpson & Anderson, 1981).

(3) 실험의 제한점

실험은 과학 분야에서 매우 효과적인 탐구법이지만 모든 과학적 이론이 통제된 실험실 내에서만 검증되는 것은 아니다. 특히 과학실험은 관찰에 비해 대체로 의도적이고 계획적이기는 하지만 천문학, 기상학, 지질학 등 실험실 내에서의 통제가 불가능한 과학분야에서는 전적으로 관찰과 관측에만 의존하기도 한다. 또한 과학의 학문적 속성에 따라 법칙과 이론 분야에서는 실험을 효과적으로 적용하기 어려운 경우도 있다.

특히 실험 과정에서 필수적으로 수반되는 관찰과 측정은 그 과정을 통해서 얻어지는 자료의 본성에 기인하여 한계를 지닌다. 즉 관찰의 이론의존성으로 인해 관찰과 측정은 객관적일 수 없고 실험자의 지적 배경이나 탐구 의도에 의해서 결정되는 한계를 가지고 있는 것이다.

(4) 실험수업의 유형

Schwab(1966)은 학생활동 개방과 허용 수준에 따라 실험수업의 유형을 분류했다. 학생들에게 실험할 문제를 제시하고 그것을 해결할 방법과 수단을 가능한 한 상세히 서술해 주는 가장 낮은 수준의 실험에서부터 실험문제는 실험지도서에 제시하지만 그 문제의 정답과 방법이 개방된 실험형태, 어떤 현상만 주어지고 실험할 문제, 해답, 방법은 완전히 개방된 형태 등으로 나눌 수 있다.

실험수업의 주체에 따라 실험수업의 유형이 나뉘기도 하는데 Pella(1961)의 분류가 많이 활용된다. 이 밖에도 실험수업에서 지향하는 학습목표에 따라 분류되기도 한다.

〈표 6-2〉 수업 주체에 따른 분류(Pella, 1961)

실험과정	수업형태				
	Ⅰ	Ⅱ	Ⅲ	Ⅳ	Ⅴ
문제 진술	교사	교사	교사	교사	학생
가설 설정	교사	교사	교사	학생	학생
실험 계획	교사	교사	학생	학생	학생
실험 수행	학생	학생	학생	학생	학생
자료 수집	학생	학생	학생	학생	학생
결론 도출	교사	학생	학생	학생	학생

〈표 6-3〉 학습목표에 따른 분류(Chiappetta et al, 1998)

실험수업형태	실험목적
확인실험	추상적 지식에 대한 구체적 경험
탐색실험	새로운 자료와 현상을 인식하고 흥미 유발
귀납적 실험	몇 가지 과학적 사실을 일반화로 조직
연역적 실험	개념이나 일반화에 의해 주어진 현상 설명
기능개발	실험활동에 필요한 기능 습득
과정개발	과학의 문제 해결 능력 함양

3) 역할놀이

(1) 역할놀이의 기능

과학교수-학습 과정에서 역할놀이를 활용하는 것은 여러 가지 교육적 기능이 있기 때문이다. 현대사회에서 우리가 직면하게 되는 많은 과학 관련 문제들은 다면적인 이해관계에 놓여 있는 경우가 많고 그것은 의견 충돌이라는 형태로 나타나기 쉽다. 따라서 역할놀이를 통해 타인의 관점에 대해 이해할 수 있는 능력이 함양된다면 개인 간의 문제를 해결하거나 사회적 궁지를 벗어나게 하는 기회를 제공해 줄 수 있다. 따라서 과학의 사회적·경제적·환경적 측면에 대한 교수법으로서 매우 유용하다. 또한 학습자들이 함께 역할놀이를 구성하고 준비하는 과정에서 협동학습이 촉진되고 능동적 학습이 조장되기도 한다.

또한 실제상황을 실연해 보는 것이기 때문에 학생들에게 흥미로움을 느끼게 할 수 있다. 특히 과학적 사실, 법칙, 이론 등뿐만 아니라 태도, 가치, 느낌 등에 관해 적절한 판단을 내리게 하는 기회를 제공해 줄 뿐만 아니라 학생들의 경험을 누적시키고 수업내용과 생활 및 사회의 관계를 인식시키는 계기가 되기도 한다(김명숙 외, 2012).

(2) 역할놀이의 목적

역할놀이의 목적은 교수-학습의 주제와 상황 등에 따라 매우 다양하지만 대체적으로 다음과 같이 제시할 수 있다.

첫째, 학습자 자신의 견해를 자유롭게 피력할 수 있고 다른 사람의 견해에 주의를 기울일 수 있다.

둘째, 문제 해결을 위한 활동에 보다 열성적으로 임하게 된다.

셋째, 역할놀이 활동 경험은 이후의 다른 역할놀이 활동에 보다 열성적으로 임하게 하는 효과를 지닌다.

넷째, 역할놀이를 통해 보고, 듣고, 알게 된 것을 기술, 해석, 평가할 수 있으며 자신의 생활과도 관련지을 수 있게 된다.

다섯째, 자신의 의견을 다른 학생에게 구두로 혹은 문장으로 자유롭게 표현할 수 있을 뿐만 아니라 다른 사람도 자신과 같이 똑같이 그럴 수 있음을 인식하게 된다.

여섯째, 여러 해답이 있는 문제 해결 과정에서 자신의 의견을 정확하게 제시할 수 있다.

일곱째, 문제 해결 방법 및 결과에 관하여 적극적으로 토의할 수 있다.

여덟째, 주어진 상황에서 다양한 행동유형을 생각할 수 있다.

(3) 역할놀이의 형식

역할놀이의 형식은 '타인의 입장에서 보기'라는 단순한 형태에서부터 '역할 바꾸기'에 이르기까지 매우 다양하다(Simpson & Anderson, 1981). 따라서 학습주제와 대상 학습자의 수준을 고려하여 적합한 형식을 선택하는 것이 효과를 극대화시킬 수 있는 방법이다.

① 다른 입장에서 보기

이는 가장 단순한 역할놀이 형태로 학습자로 하여금 다른 사람의 입장에서 견해를 표명하게 하는 것이다. 형태는 단순하지만 역할놀이의 핵심적 요소가 타인의 관점에서 보기이기 때문에 역할놀이의 기본 취지에는 부합되는 형태이다.

② 인터뷰

흔히 언론 매체에서 진행하는 인터뷰를 학생들이 역할을 맡아 해 보는 형태이다. 학생들이 기자의 역할을 맡고 정부 관리, 과학자, 공학자, 국회의원, 시장, 생태학자, 사업자 등 문제와 관련된 다양한 역할을 맡아 볼 수 있다.

③ 읽기

교사가 학생들에게 자료를 읽어 준 다음 몇 명의 학생들에게 역할을 부여하는 형식인데 이 방법은 짧은 이야기 속에서도 몇 가지 역할을 부여할 수 있다는 장점이 있다.

④ 종합적 역할

가장 일반적으로 역할놀이의 형식으로 역할극이라고 볼 수 있다. 여러 명의 학생이 역할을 맡아서 해결해야 할 지역사회의 현안문제를 다룰 때 이용하면 효과적이다. 역할놀이를 통하여 지역사회의 문제를 다룰 때는 그 문제가 가상의 사건인지 실제 문제인지 구분하기 어려울 정도로 학생들이 그 문제에 몰입하는 경향이 나타나기도 한다.

⑤ 역할 바꾸기

앞서 설명한 종합적 역할을 변형한 형태이다. 즉 학생들이 어떤 역할을 맡아 문제를 해결한 다음 각자의 역할을 서로 바꾸어 다시 해결하게 하는 방법이다. 이는 역할을 바꾸어 문제를 다시 해결해 보기 때문에 두 가지 역할에 대한 느낌과 생각을 말하게 할 수 있다. 특히 이 방법을 통해서 학생들은 모든 문제는 다양한 견해와 해결책이 있다는 것을 알 수 있게 된다.

(4) 역할놀이 교수 - 학습 모형

● 9단계 모형 역할놀이

일반적으로 역할놀이 모형에서는 다음과 같은 9단계 절차를 많이 활용한다(Joyce, Weil & Callhoun, 2000).

〈표 6 - 4〉 역할놀이 9단계 모형

① 분위기 높이기: 문제의 확인 및 소개, 문제의 명료화, 논쟁거리 탐색, 역할놀이 설명
② 참여자 결정: 역할분석, 역할자 선정
③ 무대설정: 활동계열, 설정, 역할 재진술, 문제상황에 몰입
④ 참관자 준비: 추구할 내용 결정, 참관과제 할당
⑤ 실연: 역할수행, 역할유지, 역할중지
⑥ 토의 및 평가: 역할행위 검토, 쟁점 토의, 다음 연기 개발
⑦ 재실연: 수정된 역할 수행, 다음 단계 혹은 대체 행동 제시
⑧ 토의 및 평가: 여섯째 단계와 동인
⑨ 경험 공유 및 일반화: 문제상황과 실제 경험 및 문제와 관련지음. 행동의 일반원리 탐색

(5) 역할놀이 교수 - 학습 소재

역할놀이의 상황은 실생활을 비롯해 신문, 잡지, 매체 등 다양한

출처에서 구성할 수 있다. 기본적으로 3~4명이 역할을 할 수 있을 정도로 간단명료한 주제가 적합하다. 소재 선정 시에는 가능한 한 여러 가지 의미로 해석할 수 있고, 학생들에게 비교적 친숙하며 결말이 날 수 있는 것이 효과적인데 특히 개인의 사생활이나 권리를 침해하지 않는 것이라야 한다. 일반적으로는 개인 간의 충돌, 단체 간의 관계, 개인적 궁지, 역사적 문제 또는 현안문제 등이 많이 활용된다.

4) 협동학습

(1) 협동학습의 개념

협동학습은 소집단이 공동목표를 성취하기 위해 동료들과 함께 학습하는 구조화된 체계적인 수업기법을 의미한다(Slavin, 1991). 즉 소집단으로 무리를 지어 협동적으로 활동하고 어떤 문제와 과제를 함께 고려하며 자기들이 아는 것을 표현하는 과정에서 집단 구성원들의 다각적인 견해를 숙고, 데이터와 함께 수집하며 여러 문제에 집단으로 대처하는 것을 뜻한다.

현재 학교교육은 상당 부분 경쟁지향적인 측면이 있기 때문에 그로 인해 개인적·사회적 문제들이 발생하고 있다. 이런 상황에서 협동학습적인 구조는 학습자들로 하여금 단순히 지식을 수용하는 수동적인 입장에서 벗어나 다른 구성원들과의 상호작용 과정에서 능동적인 주체자로서의 역할을 하게 한다는 점에서 중요한 의미를 가진다.

(2) 협동학습의 특성

협동학습은 기존의 경쟁학습이나 개별학습과는 다른 여러 가지 특

성을 지닌다. 우선 문제를 해결하고 확산적 사고를 고취시키는 활동
이 주를 이루고 있다. 또한 제한된 과학기자재를 공동으로 활용함으
로써 학생들의 상호작용 기능 발달에 기여할 수 있다. 이러한 상호작
용이 이루어지는 가운데 능력, 요구, 문화적 배경이 서로 다른 학생들
이 학교, 교사, 교과영역, 서로에 대해 더 긍정적이 된다고 볼 수 있다.
특히 협동학습은 많은 주제와 광범위한 연령에서 성취도 향상에 효
과적이라는 연구들이 제시되고 있다.

(3) 협동학습의 기본 원리

① Slavin(1991)의 원리

Slavin은 협동학습의 기본 원리로 집단 보상, 개별책무성, 성공기회의
균등을 제시했다. 집단이 목표를 달성할 때 집단 보상이 주어지기 때
문에 집단의 각 구성원은 자신이 속한 집단의 성공을 위해 서로 최선
의 노력을 다한다는 것이다. 또한 자신이 속한 집단의 성공적인 수행
을 위해 구성원 각자가 학습에 대한 책임을 짐으로써 집단에 기여하는
것이라고 설명하고 있다. 성공 기회의 균등은 학생들이 특정 집단에
속해 있어서 보상을 받는다고 인식하는 것이 아니라 자신의 과거 수행
에 비해 향상됨으로써 자신이 속한 집단에 기여할 수 있다는 것을 인
식하는 것으로 결과적으로 자신의 과거 수행에 비해 향상되는 것을 성
공이라고 본다면 그 기회는 구성원 모두에게 균등하다는 것이다.

② Johnson & Johnson(1999)의 원리

이들은 협동학습의 원리로 긍정적 상호작용, 대면적 상호작용, 개

별책무성, 사회적 기술, 집단과정 다섯 가지를 들고 있다.

긍정적 상호작용은 학생들 개개인이 집단의 성공을 위해 자신뿐만 아니라 동료들도 성취해야 하기 때문에 서로 도움을 주는 관계가 형성될 수 있다는 것이다. 이러한 상호작용은 목표, 과제, 자원, 역할, 보상에 관한 상호의존성의 형태로 나타나게 되는데 일반적으로 이러한 상호작용은 교실에서 자연스럽게 일어나지 않기 때문에 협동적 활동에는 특정적인 구조화가 반드시 필요하다고 지적하고 있다. 대면적 상호작용은 집단 구성원 각자가 집단의 목표를 성취하기 위해 다른 구성원들의 노력을 직접 격려하고 촉진시켜 주는 것을 의미한다. 개별책무성은 과제를 숙달해야 하는 책임이 각 학생에게 있다는 것을 의미하는데 이는 협동학습의 부작용이라고 볼 수 있는 무임승객 효과와 봉효과를 방지한다는 측면이 있다. 학생들은 협동학습의 과정에서 집단 내에서의 갈등 관리, 의사 결정, 효과적 리더십, 능동적 청취 등을 익히게 되는데 이것을 사회적 기술이라고 한다. 또한 협동학습은 필수적으로 집단과정을 수반하게 되는데 예를 들면 구성원의 성취 정도, 노력 정도에 대한 토론과 평가가 여기에 해당된다.

(4) 학습형태 비교

협동학습은 경쟁학습이나 개별학습과는 다른 특성들을 내포하고 있다. 교수활동 형태에서부터 학생의 기대와 도움의 원천에 이르기까지 많은 차이점을 가지고 있다. 각각의 학습을 비교한 내용은 <표 6-5>에 제시했다.

〈표 6-5〉 학습형태별 비교(김찬종 외, 2004)

구분	협동학습	경쟁학습	개별학습
교수 활동 형태	문제 해결학습, 확산적 사고, 창의적 사고 등으로 학습해야 할 내용을 명료화 (융통성이 있음)	기술, 단순지식, 기억, 복습 등 학습내용이 분명히 제시됨	과제가 분명하며 해야 할 활동도 세분화됨
목표 중요성 인식	목표는 학생에게 중요하게 받아들여지며 각 학생은 집단이 그 목표를 달성할 것으로 기대	목표는 중요하게 받아들여지지 않으며 단지 성공과 실패로 받아들임	목표는 매우 중요하게 받아들여지며 자신이 목표를 달성하기를 기대함
학생 기대	다른 학생과 긍정적 상호작용, 아이디어, 자료 공유, 과제분담	경쟁자의 학습상태를 평가하며 능력, 기술, 지식 등을 비교함	각 학생은 다른 학생에 의해 간섭받지 않으며 과제 완성에 대해 자신이 책임자
도움 원천	다른 학생들이 도움, 지지, 강화의 원천임	교사가 도움, 지지, 강화의 원천	교사가 도움, 지지, 강화의 원천

(5) 협동학습의 유형

협동학습의 유형은 개별책무성, 성공기회의 균등 여부, 과제전문화, 집단 간 경쟁 유무 등에 따라 매우 다양하게 분류된다(<표 6-6>). 특히 과학교육 분야에서 많이 활용되는 협동학습모형으로는 STAD, Jigsaw, Jigsaw Ⅱ, Co-op Co-op, GI, TGT, LT 등이 있다. STAD, TGT, Jigsaw 등의 모형은 일반적 지식과 기능을 중시하는 결과 지향형 모형이라고 보고, GI, Co-op Co-op 등은 과정 지향적인 특성을 지닌다.

〈표 6-6〉 협동학습모형별 비교(Slavin, 1995)

		집단 목표	개별 책무성	성공기회 균등	집단 간 경쟁	과제 전문화	개인요구에의 적응
S T L	STAD	○	○	○	○	X	X
	TGT	○	○	○	○	X	X
	TAI	○	○	○	○	X	○
	CIRC	○	○	○	X	X	○
LT		○	가끔	X	X	X	X

Jigsaw	X	○	X	X	○	X
Jigsaw Ⅱ	○	○	○	X	○	X
GI	X	○	X	X	○	X

(STL: Student Team Learning, STAD: Student Teams Achievement Learning, TGT: Teams – Games – Touunament, TAI: Team Assisted Individualization, CIRC: Cooperated Integrated Reading and Composition, LT: Learning Together, GI: Group Investigation)

① STAD 모형

이 모형에서는 성별, 능력 등의 면에서 이질적인 모둠을 구성한다. 일반적으로 교사가 전체적인 수업을 실시하고 난 후 모둠 내의 학생들은 서로 협동하여 수업내용을 완전히 이해하도록 한다. 수업 후 모든 학생이 개별적으로 퀴즈를 실시하고 퀴즈점수가 향상된 정도에 따라 미리 설정한 준거에 부합하는 팀에게 보상을 준다. 특히 향상점수를 활용해 보상하기 때문에 성공기회의 균등이 보장된다고 볼 수 있다. 향상점수는 이전에 치른 여러 번의 퀴즈점수의 평균을 기본점수로 하여 기본점수와 비교하여 이번 수업의 퀴즈점수가 어느 정도 향상되었는가에 따라 부여되는 점수를 의미한다(전성연 외, 2010).

이 모형에서 집단의 목표는 구성원 각자의 목표뿐만 아니라 집단의 목표가 있어 서로 돕고 도움을 받으려 하는 것이고 집단에 대한 책무성과 과제에 대한 분담이 이루어져 개별적 책무성이 강조됨으로써 개인의 능력을 최대한 발휘할 수 있다. 또한 개인의 능력에 관계없이 집단에 기여할 수 있는 성공의 기회가 균등하게 주어져 스스로 노력하게 될 뿐만 아니라 소집단 간의 경쟁이 유발되어 구성원들의 결속이 다져지고 학습동기가 촉진되는 효과를 얻을 수 있다.

STAD 모형의 절차는 다음과 같다.

<교사의 수업 안내-소집단 학습-형성평가-팀별 향상 점수-소
집단점수의 개시와 보상>

② TGT 모형

이 모형에서는 협동학습에서 일반적으로 많이 사용하는 퀴즈 대신
에 게임을 진행함으로써 학습자들의 흥미를 유발시키는 효과를 얻을
수 있다. 각 토너먼트 게임에서 좋은 성적을 얻기 위해 다른 팀의 구
성원들과 경쟁하는 구성을 갖추고 있는데 게임 테이블을 성적에 따라
이동할 수 있는 bumping system을 사용하기도 한다(전성연 외, 2010).
그러나 집단 간 지나친 경쟁을 자극하기 때문에 집단 간 편파성을 조
장할 가능성이 있으므로 사용에 신중해야 하고 학습자들이 학습보다
는 게임에만 초점을 두는 부작용이 유발될 수도 있다.

TGT 모형의 절차는 다음과 같다.

<교사의 수업 안내-집단학습-토너먼트 게임-집단점수의 게시
와 보상>

③ TAI 모형

이 모형은 성적이 낮은 학생들도 수업 진행에 소외되지 않고 자기
수준에 맞는 수학능력을 계속 증진할 수 있다는 장점이 있다. 협동학
습을 진행하는 동시에 개별학습적인 측면이 보장되는 모형이라고 볼
수 있다. 집단 배치 검사를 통해 개인차를 확인하고 학습자료에서 수
준별 접근이 가능한 형태이다. 그러나 학습자료를 해결하는 과정에서
는 집단학습과 집단교수가 이루어지기 때문에 긍정적 상호의존성 효
과도 얻을 수 있다.

 과학교육 프로그램 개발의 이론과 실제

TAI 모형의 절차는 다음과 같다.

<집단 구성과 배치검사-학습 자료 배포-집단학습-집단교수-
집단점수와 집단 보상>

④ Jigsaw 모형

이 모형은 원소속 집단과 전문가 집단이라는 두 형태 모둠을 활용
한다는 점에서 다른 협동학습모형과는 많은 차이가 있다. Jigsaw Ⅰ,
Ⅱ, Ⅲ 모형에 따라 절차와 보상에서 특징적인 면들이 있다.

Jigsaw Ⅰ 모형의 기본 요소는 특별히 설계된 학습과제, 집단 형성
및 의사소통 훈련, 집단의 리더, 집단 구성, 전문가 집단, 개별평가 및
보상이라는 특징을 지닌다(전성연 외, 2010). 특히 Jigsaw Ⅰ 모형에서
는 어떤 집단 보상도 사용하지 않는다.

Jigsaw Ⅰ 모형의 절차는 다음과 같다.

<집단 구성-개인별 전문과제 부과-전문과제별 모임 및 전문가
집단에서의 협동학습-원소속 집단에서의 협동학습-개별평가-개
인별 점수 산출>

Jigsaw Ⅱ는 Jigsaw Ⅰ 모형과 달리 모든 학생이 단원 전체를 접할
수 있도록 한다. 즉 팀의 모든 학생이 공통적인 자료를 읽고 팀의 각
학생은 전문가가 될 주제를 부여받는 것이다. 이후에 서로 다른 팀에
서 같은 주제를 부여받은 학생들이 모여 전문가 집단을 이루어 토의
를 통해 학습한 후 자기 팀으로 돌아가 맡은 부분을 학생들에게 가르
치는 형식이다.

Jigsaw Ⅱ 모형의 절차는 다음과 같다.

<집단 구성-개인별 전문과제 부과-전문과제별 모임 및 전문가 집단에서의 협동학습-원소속 집단에서의 협동학습-개별평가-개인별 점수, 향상점수 및 집단점수 산출-개별 보상 및 집단 보상>

Jigsaw Ⅰ과 Ⅱ 모형은 여러 가지 측면에서 차이가 있다. Jigsaw Ⅱ는 집단 구성원 모두가 전체 학습과제를 접하기 때문에 상호의존성은 상대적으로 약화되는 측면이 있다. 또한 기본점수, 향상점수, 집단점수, 개별 보상 및 집단 보상을 활용하고 집단 형성 및 의사소통 훈련 과정이 없다. 이는 집단 내에서의 역할과 관련하여 차별화시키는 어떤 시도도 하지 않는다는 의미이다.

Jigsaw Ⅲ 모형은 보상 면에서는 Jigsaw Ⅱ와 유사하지만 원소속 집단에서의 협동학습 후 바로 평가하지 않고 평가유예기를 둔 후 평가한다는 차이가 있다.

Jigsaw Ⅲ 모형의 절차는 다음과 같다.

<집단 구성-개인별 전문과제 부과-전문과제별 모임 및 전문가 집단에서의 협동학습-원소속 집단에서의 협동학습-평가유예기-원소속 집단에서의 평가 준비-개인별 점수, 향상점수 및 집단점수 산출-개별 보상 및 집단 보상>

Jigsaw 모형에서 긍정적 상호의존성을 강조하는데 상호의존성은 목표와 과제, 보상의 측면에서 논의될 수 있다. 목표 상호의존성은 집단의 구성원들이 서로 공동 목표를 공유하는 것으로 나타날 수 있고, 과제 상호의존성은 각 집단의 구성원들이 집단의 성공을 위해서는

서로 공유해야 하는 각기 다른 과제를 가지고 있다는 점에서 높다고 볼 수 있다. 보상 상호의존성은 점수, 칭찬, 스티커 등 개별학생들이 받는 보상은 자신이 속한 집단의 동료들이 받는 보상과 밀접하게 관련되어 있기 때문에 상호의존성이 있다고 볼 수 있다.

⑤ GI 모형

이 모형은 과학탐구의 과정과 가장 복잡한 형식의 협동학습으로 학생들에게 학습주제 선정, 방법, 정보수집, 분석 등에 대해 최대로 책임을 부여하는 방식이다. 이 모형에서 학급은 탐구공동체와 탐구자들의 공동체라는 성격을 가지게 되는데 학생들은 탐구과정에서 학습의 통제권을 가진다. 특히 이 모형은 협동학습모형 중에서 집단 간 협동을 강조하는 모형이고 특정한 과제에 대한 흥미나 호기심, 만족감 때문에 과제 수행하게 되는 내재적 동기가 매우 높은 모형이다.

GI 모형의 절차는 다음과 같다.

<주제 선정 및 소집단 구성-계획 수립 및 역할 분담-탐구활동-
발표 준비-최종보고서 발표-평가>

(6) 협동학습의 목적

구성주의적 학습이론이 주목받고 있는 요즘 협동학습모형은 중요한 교수-학습 전략으로 자리 잡고 있다. 특히 STS 접근법에 따른 과학수업이나 과학의 윤리적 특성에 대한 교수-학습을 통해 학습자의 의사 결정력을 신장시키려는 목적이 있다. 또한 성취도, 추리력, 동기 유발, 대인관계 기능, 학습에 대한 긍정적 태도 함양에 도움이 될 수

있을 것으로 기대하며 학생들 사이의 경쟁관계와 격리현상을 없애는
데도 기여할 수 있을 것이다.

(7) 협동학습을 위한 조건

협동학습이 잘 이루어지기 위해서는 학습자 내적·외적 조건들이
중요하다. 특히 이 전략은 개별 학습자에 의한 학습이 아니라 소집단
을 구성하는 것이기 때문에 더욱 많은 영향 요인들이 결부되어 있다.
일반적으로 협동학습의 조건으로는 다음과 같은 항목을 제시하고 있다.

- 적극적으로 상호 간에 의존하는 분위기
- 개별적 책임의식
- 가능한 이질적 집단 구성
- 모든 모둠원에게 동일한 성공의 기회 부여
- 분명하고 구체적인 학습결과 및 목표 제시
- 학습결과의 공동 소유의식 수용
- 충분한 학습시간
- 성공에 대한 공공적 승인과 보상
- 각 모둠 활동에 대한 체계적 반성

5) 수준별 학습

(1) 기원

'수준별(differentiation)'이 교육 분야에서 새로운 연구 대상이 된 때
는 1970년대 후반과 1980년대 초이다. 당시 영국에서는 중등학교를
대상으로 실시된 HMI 조사가 이루어졌는데 조사 결과 중등학교 교

사들의 기대치가 너무 낮고, 교수접근법이 너무 제한적임을 지적했다. 특히 수업의 방향이 목표 달성과 사전 경험을 성공적으로 조화시키기보다는 중간그룹 학생들에게만 맞춰져 있다는 점에 주목했다. 이후 1980년대 후반 영국의 '국가교육과정'이 도입되는 시기에 수준별 학습이 공식적으로 제시되었다. 수준별 학습은 모든 학생에게 적절하면서도 학습에 흥미를 불러일으키는 학습경험이 제공되기 위해서는 총체적인 학습경험이 반드시 수준별이 되어야 한다는 맥락에서 강조되었다.

(2) 수준별 학습의 필요성

① 교육에 대한 교사로서의 책무성

모든 학습자에게는 최적의 교육이 제공되어야 하고 교사는 그를 위해 적합한 경험을 제공해야 한다. 학습자들은 그들이 선택하는 영역에서 학습내용 습득을 위한 더 나은 기회의 제공과 충분한 자료를 원하고, 통합 학문적인 주제에 대한 교수 학습이 진행되기를 바란다. 또한 학습자 개개인의 흥미나 태도에 큰 영향을 끼칠 수 있는 프로그램의 필요성이 요구되고 있고 핵심 학습주제를 먼저 성취한 학습자들은 더 깊고 다양한 개념에 도전하는 기회를 제공하는 것이 바람직하다. 이 같은 교육 프로그램의 개발과 진행에 교사는 중심적인 역할을 수행해야 한다.

② 수준별 수업에 대한 기대수준

수준별 수업과 관련해 학습자와 학부모들의 개인적인 기대수준, 학교장이나 장학관계자들의 기대수준, 교사연구모임이나 국가수준기

관의 기대수준 등 다양한 기대수준이 결부되어 있다. 특히 교육전문
가로서 교사는 수준별 수업과 관련해 교사 전문성에 대한 만족도를
고려해야 하고 학습자 모두에게 적합한 수준의 교수활동을 해 나가
기 위해 노력해야 한다. 또한 학습소외집단이나 실패집단을 줄이기
위해 효과적인 학급경영을 해야 한다.

(3) 수준별 수업전략

① 수준별화된 학습자료의 준비

이 수업전략은 하위그룹, 중간그룹, 상위그룹 학생을 위한 학습지
등 몇 가지 수준으로 나누어 각각에 대한 학습지를 준비하는 방법이
다. 수준별로 서로 다른 학습지를 준비하기 때문에 모든 학생이 같은
과제를 계속하기보다는 능력 있는 학생들에게는 훨씬 더 노력을 요
하는 과제를 제시한다.

학습자의 수준에 맞는 학습지를 통해 수준별 학습을 접근시키는
것은 효과적일 수 있지만 교사의 입장에서는 많은 학습자료를 준비
해야 하기 때문에 시간이 많이 드는 전략이다(NIAS, 1995).

그러나 학습지를 중심으로 교수-학습이 이루어지기 때문에 상대
적으로 교실에서의 활동 다양성이 제한되고 교사에 의한 실제 수업
경영은 수월해지는 효과가 있다. 다만 하위그룹 학습자들인 경우 계
속되는 학습지의 단조로움이 문제가 될 수 있고 많은 학습지를 이용
하기 때문에 학습지 의존이 높아지는 경향이 나타날 수 있기 때문에
이러한 문제를 피하기 위한 교사들의 기술이 필요한 방법이다. 특히
하위그룹 학생들이 '항상 단순한 학습지'만 받지 않도록 하는 부분에

서 교사의 기술과 민감성이 요구된다.

이 전략은 수준별을 확고히 하는 좋은 발판을 제공하고 수준별 학습의 양을 극대화하기 위해 교사의 조정을 요구하지만 학습자료가 교사의 역할을 대신하지는 못한다는 한계점을 지닌다.

〈표 6-7〉 수준별 학습자료 준비 장단점

장점	단점
*성과물에 의해 수준별 기회들을 제공 *비교적 수월한 교실관리 *모든 학생이 비슷한 교육과정을 추구	*과제에 의한 수준별이 통합되지 않으면 수준별을 위한 기회들이 제한 *많은 학습지는 세심한 관리가 필요 *준비를 위한 시간이 많이 요구

② 단계별 연습문제

이 전략은 짧은 과제의 프로그램을 단계적으로 배열하여 해결하도록 하는 방법이다. 처음 시작할 때는 적어도 한두 가지 과제는 매우 기본적인 수준으로 준비하고 이후 수업을 위한 요구를 꾸준히 증가시킨다. 모든 초기 과제는 성공에 대한 확신을 주기 위해 짧고 간단하게 구성하는 것이 효과적이다(NIAS, 1995). 마지막 과제는 더 길고, 복잡하고, 독립적인 학습기술이 필요한 내용으로 구성한다. 능력이 있는 상위 학생이 불필요한 기초적 학습으로 인한 좌절과 무료함을 피하기 위해 취사선택할 수 있는 단계를 만드는 것이 효과적이다.

〈표 6-8〉 단계별 연습문제 장단점

장점	단점
*쉽게 도입됨 *교실 경영이 덜 복잡함 *복잡한 학습지 풀기의 제한 *학생의 학습과정을 쉽게 확인	*주제 영역이 다소 제한됨 *제작이 어려움 *모든 능력을 다 수용하기 어려움 *수준별 수업이 능력보다는 학습속도에 의지

③ 핵심활동과 선택활동

수준별 수업전략 중 가장 융통성 있으면서 일반적으로 사용되는 방법이다. 가장 간단한 수준의 활동을 핵심활동으로 하고 이 활동은 모든 학생에게 학습하게 한다. 이후 학습능력이 떨어지는 학생들에게는 강화-보충자료를, 나머지 학생들에게는 심화활동을 하게 하는 방법이다.

마지막에 제시되는 핵심활동은 간단한 요약이 될 수 있고 혹은 배운 내용을 확인시키기 위해 제공되는 비슷한 종류의 짧은 과제가 될 수 있다. 처음에 나오는 핵심활동은 단조롭고 지루한 절차가 되지 않도록 흥미를 자극하고 동기를 유발하는 활동이 포함되어야 한다.

보충활동은 학습내용을 작은 단계로 나누고 친숙하고 구체적인 상황을 바탕으로 하며 쉬운 언어 수준으로 구성되어야 한다. 이에 비해 심화활동에서는 단순히 반복학습이 되지 않도록 폭넓은 내용과 고등의 기술이 포함되는 것이 효과적이다. 학생들의 과제 완성도를 기록하고 과제를 수행하는 과정을 평가하는 과정이 포함되어야 한다.

〈표 6-9〉 핵심과 선택활동 장단점

장점	단점
*융통성이 있음 *수준별 수업을 실시할 수 있는 좋은 기회 제공 *각색과 확장이 용이 *학급 경영에 요구되는 것들을 통제가 가능	*전략을 확대하면 - 학급 경영 면에서 부담 증가 - 평가기록이 필요 - 선택활동 선택 시 학생들의 상태를 세심히 확인해야 함

④ 수준별 순환학습(코너학습)

이 수업전략은 한 가지 주제에 관련된 여러 가지의 짧은 활동들을 교실 곳곳에 설치하고 학생들이 각 코너를 돌면서 활동들을 번갈아 할 수 있게 하는 형식이다.

이 수업방법은 어떤 주제를 도입하는 시점에서 학생들이 그 분야에 대하여 체험을 통해 알게 하기 위해 사용하는 경우가 있다. 이때 활동을 구성할 때에는 학생들이 참여하기 쉬운 활동을 핵심활동으로 정했는지, 학생이 활동에 참여하는 데 자세한 안내가 되어 있는지 등을 확인해야 한다. 이때 교사는 학생들을 관찰하여 심화활동과 보충활동을 하도록 적절하게 지시한다(NIAS, 1995). 이 방법은 과제 제시 정도이기 때문에 이것만으로 수준별이 제대로 이루어진다고 보기는 어렵다.

<표 6-10> 수준별 순환학습 장단점

장점	단점
*한 가지 기구를 여러 세트 준비 안 해도 됨 *학생들은 무작위로 활동할 수 있음 *한정된 시간 동안 자신이 할 수 있는 한 많은 활동을 할 수 있게 됨	*과제를 통해 수준별을 실시하는 데에는 제한이 많음 *활용할 수 있는 주제가 제한적임

⑤ 수준별 수업경로

수준별 수업전략 중 가장 광범위하게 적용하는 수준별 수업전략으로 한 교사가 개발하거나 한 교과에 국한시키기보다는 전체 교과를 대상으로 총체적으로 접근하는 것이 효과적이다.

가장 기본적인 학습내용은 기본 경로에 포함시키고 최종적인 학습주제에 도달하도록 전체적인 학습지도를 고안하는 것이다. 각 과제에 제시되는 학습목표는 아주 단순하게 표현하는 것이 좋다.

학생의 선행지식과 선행개념에 따라 학습지도상에 여러 가지 입구를 선택할 수 있는데 학생 스스로가 학습과정을 기록함으로써 학습에 대한 책임감을 증가시키게 하는 것도 효과적인 방법이다.

여러 경로를 따라 동시에 여러 활동이 진행되므로 교사는 각 활동이 안전하게 진행되도록 주의 깊게 관찰해야 한다. 먼저 실용성이 적은 주제로 시작하여 핵심－선택활동 영역을 점차 넓혀 가도록 구성하는 것이 일반적이다.

새로운 학습주제를 시작하는 도입부와 마무리 정리 단계에서 전체 학급활동 프로그램으로 고정시키면 교사의 부담이 줄어드는 효과가 있다(NIAS, 1995).

<표 6-11> 수준별 수업경로 장단점

장점	단점
*수준별 수업을 할 수 있는 뛰어난 잠재력을 지닌 수업전략 *학생들의 학습기술을 개발 *학생의 선택권이 보장됨 *기록과 평가, 학습 등에서 학생들의 책임감이 개발	*교사 한 사람이 운영하기에는 너무 힘듦 *개발 과정에 상당히 많은 노력이 필요 *교사에게 복잡한 학급 경영의 역할이 요구됨

(4) 수준별 수업에서의 학급 경영

① 학습자료 관리

수준별 수업에서는 학습지 등 다양한 학습자료를 활용하는 것이 일반적이다. 따라서 학습자료의 관리는 매우 중요하다. 학습자료를 교사가 전적으로 관리하는 형태보다는 학급이 공동으로 관리토록 하면 학습자료를 이용하여 학생들이 보다 독립적으로 학습할 수 있고, 교사는 학습자료 관리에 투입되는 시간을 줄일 수 있기 때문에 학생 개인의 학습에 더 많은 시간을 투자할 수 있다.

학생들은 학습자료의 이용이 제한되거나 학급 전체 속도에 맞추어야 할 때 자신의 속도에 맞게 학습할 수 없다. 따라서 학습지 등의 인쇄물은 학급 내에 잘 이용되도록 분류되어 있어야 하고, 이 외의 자료들도 체계적으로 표시해 이용하는 데 불편함이 없도록 해야 한다. 충분한 자료 확보를 위해 도서관이나 데이터베이스로부터 보충받는 것도 한 가지 방법이다. 이때 교사는 학습자료의 지도자, 공급자, 분배자, 감독자로서 학급 내의 활동과 학습을 전체적으로 조절해야 한다. 그 밖에 학습장비, 인쇄물 등의 위치, 선택, 회수, 점검 등은 학생이 책임지게 하여야 하고 이는 학습에 있어서 독립성을 발달시키는 효과를 지닌다.

② 모둠 나누기

수준별 학습에서 모둠을 나누는 것은 매우 중요한 의미를 지니지만 그렇다고 해서 모둠으로 나누는 것이 바로 수준별 학습을 의미하지는 않는다. 모둠 나누기는 일반적으로 다음과 같은 교육적 의의를 지닌다.

첫째, 인내와 협동심 같은 사회적인 기술과 태도를 발전시킬 수 있다. 둘째, 대화와 토론을 통해 언어능력의 발전에도 도움이 된다. 셋째, 컴퓨터, 현미경 같은 한정된 학습자료를 공유하여 활용할 수 있다. 넷째, 학생들에게 동일한 기회를 제공할 수 있다.

모둠 활동이 여러 가지 교육적 효과가 있을 수 있는 만큼 모둠을 나누는 방법에 따라 다양한 접근이 가능하다.

모둠을 나누는 하나의 방법은 'mixed−ability groups'을 들 수 있다. 이 모둠은 과학 혹은 읽기 능력에 있어서 다양한 능력을 가진 학생들을 한 모둠에 포함시키는 형태로 구성된다. 협동학습에서와 같이 읽기 능력이 부족한 학생을 도와주거나 동료들을 지도하는 데 적합한 형태지만 특정 과제를 수행하거나 특정 능력수준을 도와주는 데에는 적합하지 않아서 수준별 수업에 적용하기에는 한계가 있다. 다른 방법으로는 'ability groups'이 있다. 이 모둠은 과학에서 비슷한 능력을 가진 학생들로 구성되는데 교사는 학생들의 과제가 진전되는 데 있어서 개인별 차이가 명백히 드러나면 그룹을 다시 재편성할 수 있다. 세 번째 방법으로는 'friendship groups'이 있다. 이는 학생들이 구성원들을 서로 선택해서 모둠을 만드는 방식이다. 한 가지 흥미로운 것은 이 방법으로 모둠을 구성하면 학생들은 능력이 비슷한 동료들로 모둠을 구성하려는 성향을 보인다는 점이다. 네 번째로는 'gender groups'이 있는데 이 방법은 주로 학습기자재를 동등하게 쓰기 위할 때 혹은 모든 성의 균형을 맞추고자 할 때 쓰이기도 한다.

각각의 모둠 구성 방법은 얻을 수 있는 교육적 효과가 다르기 때문에 교사는 모둠 구성에 있어서 다양한 측면을 고려해야 한다. 수준별 활동을 촉진시키려고 할 때 교사는 각 집단의 능력에 맞게 서로 다른 수준의 복잡한 과제를 제공해야 하기 때문에 ability groups 또는 friendship groups이 적합하다. 또한 특정한 학습자료를 성공적으로 학습할 수 있게 할 때에도 ability groups과 friendship groups이 적합하다. 그러나 학습부진아들에게 동료들의 도움을 주고자 할 때에는 mixed-ability groups이 효과적이다.

6) 현장견학

(1) 현장견학의 기능

현장견학은 학생들이 연구기관, 공장, 농장, 목장, 박물관, 행정기관 등을 방문하여 직접 관찰하고 조사함으로써 풍부한 현장경험을 쌓게 하는 것을 목적으로 한다. 흔히 현장견학과 현장학습은 함께 쓰이기도 하지만 현장학습은 현장견학보다 더 능동적인 활동과 참여를 전제로 더욱 체계적인 방법과 절차에 따라 이루어지는 학습의 한 형태라고 볼 수 있다.

현장견학을 통해 과학의 어떤 측면에 대한 동기와 자극을 유발하고 그에 대한 새로운 지각을 생성할 수 있고 관찰하고 지각하는 기능을 개선시킬 수 있다. 또한 다양한 직업과 관련된 견학 장소를 활용한다면 관련 직업에 관하여 흥미를 가지게 할 수도 있다. 특히 직접 보고 체험하며 배운 내용이기 때문에 오랫동안 파지할 수 있다는 장점도 있다.

현장견학의 장소는 반드시 학교 외의 기관일 필요는 없다. 학교 안에서도 학교 건물, 운동장 등이 견학 장소로 활용될 수 있고, 학교 주변의 거리, 상가 등도 현장견학 장소로 활용 가능하다.

(2) 계획

현장견학을 계획할 때에는 우선 현장견학의 목적이 무엇인지 명확히 제시할 필요가 있다. 특히 학습목표를 다른 교수 학습전략을 적용할 때보다 더 쉽게 그리고 더 짧은 시간에 성취할 수 있는가에 대해 고려하고 현장견학 장소와 자원은 무엇인가도 분석해 보아야 한다

(Simpson & Anderson, 1981).

특히 직접적인 경비와 교통수단 등의 문제, 보험이나 학부모 승낙과 같은 법적 요건의 문제 등도 따져 보아야 한다. 또한 안전사고에 대비하여 모든 가능한 안전 조치는 취하고 있고 응급 상황의 이동 경로에 대해서도 사전에 준비를 해야 한다.

7) 과제연구

(1) 효과

과제연구는 학생들이 한 주제, 과학적 탐구과정 및 기술 등에 몰입하게 함으로써 자율학습 기능을 개발할 수 있다. 특히 교사 및 다른 학생들과의 지식 및 경험을 공유함으로써 의사소통 기술을 함양하고 보고서 작성 등의 과정을 통해 학생들의 쓰기 기술과 고차원적 사고 기술도 길러질 수 있다. 특히 과제연구는 대표적인 과학탐구활동 중 하나로 탐구력과 창의력을 신장시키기 위한 방법으로 많이 활용하고 있다.

또한 개인별 흥미, 학습형태, 지능, 생활경험 등에 맞추어 개인적 의미를 적정화하고 이는 학습자들의 학습에 대한 내적 동기 유발에 효과적이다.

(2) 결과 제시 및 보고서 작성

과제연구의 결과는 흔히 포스터, 차트, 논문 등 형식으로 제시한다. 이 중 포스터 형식은 과제의 제목, 과제 수행 목적, 실험 방법 및 절차, 결론, 과제 및 시사점 등이 포함되어야 한다.

과제보고서를 작성할 때에는 다음과 같은 항목이 포함되는 것이 일반적이다.

〈표 6-12〉 과제보고서 작성 절차

- 과제 제목
- 서문: 과제의 논리적 근거, 과제의 목적, 연구 문제, 과제의 한계 및 제한점, 용어의 조작
  적 정의
- 과제의 방법 및 절차: 대상 및 기간, 실험 기구 및 재료, 실험 설계
- 결과 및 토의: 결과 분석, 결과의 서술 및 해석
- 결론 및 제언
- 참고문헌
- 부록

8) 토론법

토론법은 교사와 학생 사이 및 학생과 학생 사이의 자유로운 의사 교환과 적극적인 참여로 이루어지는 교수-학습 방법이다. 교수법 및 교수 전략으로서 토론법은 사고를 자극하고 태도와 신념의 변화를 촉진하여 각종 기능을 길러 주기 위한 수업에 효과적이지만 잘못 운영되거나 적용하면 학생들을 낙담시키고 무료하게 만들기도 하기 때문에 교수자의 세심한 지도가 필요하다.

(1) 토론법의 기능

토론법은 일반적으로 학습자의 문제 해결과 의견 발표 등에 유용하게 활용할 수 있는 방법이다. 또한 토론 과정에서 다른 사람의 의견을 확인할 수 있고 특정 내용이나 지식을 효과적으로 이해하는 데에도 도움이 된다. 특히 토론 과정은 과학자들이 채택하고 있는 탐구 방법과 그 과정을 그대로 보여 주기 때문에 결과적으로 학생들의 탐

구의욕을 자극하는 기능도 한다(Trowbridge & Bybee 1996).

(2) 토론법의 장점

토론법은 교수－학습 과정에서 다양한 교육적 효과를 나타낼 수 있는데 몇 가지로 요약하면 다음과 같다.

첫째, 학습자의 학습활동을 고무시킨다.

둘째, 수업에 대한 학생들의 흥미를 유지시킬 수 있다.

셋째, 다른 학생의 생각을 참고하여 자신의 생각을 점검할 수 있는 기회를 제공한다.

넷째, 질문과 답변을 하는 과정에 의해 비판적 사고를 자극할 수 있다.

다섯째, 학생들의 능동적 참여를 유도하고 학습자에게 학습에 대한 책임을 지울 수 있다.

여섯째, 민주적 협동기능을 연습할 수 있는 기회가 된다.

일곱째, 진도가 빠른 학생의 경험을 공유할 수 있고, 학습내용의 이해와 관련해 교사에게 피드백을 제공할 수 있다.

(3) 한계와 단점

① 한계점

토론수업을 처음으로 받는 학생은 토론수업 자체가 불편하고 부담스러울 수 있다. 특히 교사와 학생 사이에 주종관계가 강하게 형성되어 있는 학급이라면 토론수업의 효과도 기대하기 어렵다. 학습 환경적인 측면에서는 전통적 교실과 실험실이 토론수업에는 적절치 않다는 한계점도 있다.

교사들이 토론법을 활용하는 데 고민을 하게 되는 또 하나의 이유는 평가에 어려움이 있기 때문이다. 토론이나 협동학습을 통해 습득된 기술은 기존의 과학교육 분야에서 활용되어 오던 전통적 방식으로 평가하기에는 어려움이 있는 것이 사실이다.

② 단점

토론의 성패는 학습자의 능동적 참여 정도에 의해 결정된다. 따라서 학생들의 참여를 이끌어 낼 수 있는 교사의 역량이 필요하다. 이를 위해 학생들의 사고력을 촉진할 수 있는 자극적 질문이 준비되어야 하고 충분한 양의 보조자료를 확보해 토론이 지체되는 일이 없도록 해야 한다. 또한 인간관계, 토론지도, 학급통제 등 교사의 능숙한 기술이 요구된다.

(4) 토론의 종류

토론은 흔히 그 구조화 정도와 상호작용의 정도에 따라 분류된다.

① 구조화에 따른 분류

가. 복창(recitation)

이는 퀴즈쇼와 같이 교사가 묻는 질문에 학생이 대답하는 형식으로 이루어지는데 엄밀한 의미에서 토론이라고 보기에는 한계가 있다. 그러나 준토의법으로 학생들이 알고 있는 것을 즉각적으로 쉽게 확인할 수 있는 검사법으로 널리 쓰인다.

나. 안내된 토의(guided discussion)

'안내된'이라는 용어에서 알 수 있듯이 교사가 토의과정에서 안내자의 역할을 수행한다. 즉 토론의 전반적인 과정을 조율한다고 볼 수 있다. 일반적으로 교사가 질문을 던지면 학생들이 토론을 통해 답하며 교사가 각각의 대답에 반응하는 과정에 따라 이루어진다. 특히 안내된 토론은 주제와 관련이 있는 지식을 충분히 가지고 있어야 원활히 이루어진다.

다. 반성적 토의(reflective discussion)

가장 개방적인 의미의 토론법이다. 이 방법은 비판적·창의적 사고의 신장에 목적을 둔 과학 수업에 특히 효과적인데 무엇보다 학생들이 의견을 자유롭게 말할 수 있는 분위기를 조성하는 것이 가장 중요하다.

② 수업 주도 주체에 따른 분류

가. 교사주도 토론

토론의 진행 과정에서는 예기치 못한 다양한 상황들이 전개되게 되는데 교사는 여러 상황을 재치 있게 다룰 수 있는 준비를 해야 한다. 토론의 주제와 동떨어진 의견을 말하는 학생들이 있을 경우 어떻게 대처할 것인지, 토론 중에 제기된 질문에 대한 답변을 어떻게 할 것인지에 대한 사전 계획을 마련해야 원활한 토론이 진행될 수 있다.

토론을 진행하는 모둠의 규모가 클수록 토론에 일부 학생만이 참여하는 현상이 나타난다. 따라서 학생들이 지루함을 느끼지 않도록 토론시간을 적절하게 구성하는 것도 효과적이다.

 과학교육 프로그램 개발의 이론과 실제

나. 학생주도 토론

학생주도의 토론은 주로 사회적인 논쟁거리의 해결책을 찾고자 할 때, 복잡하고 어려운 과학 문제를 해결하기 위한 방법을 모색할 때, 이미 수행한 실험의 결과로 얻어진 자료의 해석에 대한 논의가 필요할 때 이용된다. 이 수업에서의 성공 여부는 학생의 참여도와 토론의 지속성에 따른다. 따라서 학생의 참여를 높이고 토론이 지속적으로 이루어지게 하기 위해서는 토론 주제를 학생들이 직접 겪었던 경험들로 선정 조직하는 것도 바람직하다.

9) 발문법

발문이란 교사가 학습자의 사고활동을 유발시키기 위해 던지는 문제 제기로서 교수−학습 상황에서 학생들이 답하기를 기대하는 교사의 구두적 진술이라고 볼 수 있다. 과학교육 프로그램을 진행하는 데 있어서 발문은 필수적으로 요구되는 교수−학습 방법이다. 일반적으로 발문은 진단적·교수적·동기부여적 기능을 가진다.

(1) 발문의 유형

발문의 유형은 학자에 따라 다양하게 분류된다. 일반적으로 많이 활용되고 있는 것은 Blosser(1973)의 분류인데 그는 발문을 폐쇄적 발문, 개방적 발문으로 크게 나누고 폐쇄적 발문은 다시 인지 기억적 발문과 수렴적 사고 발문으로, 개방적 발문은 확산적 사고 발문과 평가적 사고 발문으로 나누었다.

① 폐쇄적 발문

폐쇄적 발문 중 인지·기억적 발문은 학생들에게 이미 말했던 것이나 들었던 것을 반복하게 하거나 어떤 사실이나 아이디어를 기억하게 할 때 사용하는 발문이다. 이에 비해 수렴적 사고 발문은 이미 제시되었거나 기억된 자료의 분석과 통합에 관련된 발문으로 흔히 정보의 해석, 연결, 설명, 결론 도출 등과 같은 정신적 활동을 촉진시키기 위해 사용한다.

② 개방적 발문

개방적 발문 중 확산적 사고 발문은 학생들에게 필요한 자료를 모두 제시하지 않은 상황에서 학생들이 자유롭게 자신의 자료를 산출하게 하는 발문이다. 따라서 학생들의 사고를 특정한 방향으로 제한할 만큼 충분한 정보를 제공하지 않은 상황에서 세밀화, 확산적 연결 또는 종합과 같은 조작을 자극하는 기능을 지닌다. 평가적 사고 발문은 사실 문제보다는 주로 가치의 문제를 다루는 발문으로 판단을 하는 기준은 주로 과학적 증거, 합의에 의해서 결정된 것이 대부분이다.

이 밖에도 인지적 과정에 따라 발문을 분류하기도 하는데 정보 재생적 발문과 추론적 발문, 적용적 발문으로 나누기도 한다.

③ 정보 재생적 발문

학습 과정에서 재생, 암기, 계산, 열거 등의 학생 반응을 기대하는 교사의 발문 형태이다. 학생이 이미 경험했거나 학습한 내용을 교사가 발문함으로써 학생이 기억을 더듬어 가며 발문에 응답할 것을 기대하면서 제시하는 것으로 주로 전시 학습내용을 회상할 때, 학습자료에 제시된 내용을 단순히 확인할 때 활용된다.

④ 추론적 발문

추론적 발문은 학생이 정보를 이용하여 인과관계를 나타내거나 정보를 종합·구분·분석·비교·대조하여 응답하도록 요구하는 것이다. 이 유형의 발문은 학생이 생각을 해서 응답해야 하는 일종의 문제 해결적 성격을 띠고 있다. 따라서 발문의 형식은 주로 왜, 어떻게, 비교하라, 설명하라 등의 용어가 흔히 쓰인다.

⑤ 적용적 발문

학생의 확산적 사고를 위해 원칙을 새로운 사태에 적용하여 예언·이론화하여 반응하도록 하는 발문 형태이다. 수업의 정리 단계에서 학생들이 배운 원리나 개념을 정리하고 이를 토대로 새로운 가설을 세운다거나 심화 발전된 문제를 해결하고자 할 때 사용할 수 있다.

(2) 발문의 원리

발문은 과학교수-학습 과정에서 필수적으로 활용되는 기법으로서 적절한 발문은 학생들의 학습에 많은 도움을 제공할 수 있다.

① 발문 내용

발문 내용은 기본적으로 수업목표와 관련되어 있어야 하고 다양한 수준의 발문을 균형 있게 사용해야 한다. 발문에 사용하는 용어는 직접적이고 명료해야 하고 특히 학생들에게 잘 알려진 어휘와 어형을 사용해 발문의 외형으로 인해 내용 이해를 방해하는 일이 없도록 해야 한다. 특히 발문을 통해 인지적 비평형을 유발할 수 있기 때문에 갈등을 통한 교수-학습에 활용할 수 있다.

② 발문방법

발문을 할 때는 한 번에 한 가지만 발문해 대답하는 학생이 발문의 요지를 정확히 알 수 있도록 해야 한다. 또한 쉬운 것에서 어려운 것 순으로 논리적 계열에 맞추어 발문함으로써 학습자의 사고 흐름에 잘 부합될 수 있도록 한다. 발문의 내용, 교과 난이도 등을 고려하여 발문에 따른 대기시간을 조절해야 하는데 단순한 기억 재생을 요구하는 발문인 경우에는 대기시간을 비교적 짧게 주어도 되지만 문제 해결적인 발문인 경우는 학습자로 하여금 생각할 수 있는 충분한 대기시간을 주는 것이 효과적이다.

발문에 대한 학생의 반응에 교사가 대답하기 위해서는 관대하고 허용적인 분위기를 보장하는 것이 우선이다. 학생이 발문에 대한 답을 알지 못하면 정답을 추측할 수 있도록 단서를 줌으로써 답변할 수 있도록 격려하는 것이 중요하다. 또한 학생들의 답변 중에는 일상적인 답변이 아닌 대안적 답변이 제시되는 경우가 많은데 이에 대해 수용할 수 있는 자세를 준비하는 것도 중요하다.

(3) 바람직하지 않은 발문 유형

교수-학습 과정에서 성취도가 우수한 학생들에게만 발문하는 것은 그 외의 학생들을 소외시키는 결과를 가져오기 때문에 피해야 한다. 특히 발문에 대한 응답 결과에 따라 학생들을 질책하는 것은 학생들의 다양한 사고를 방해하기 때문에 잘못된 내용에 대해서는 지

적해야 하지만 학생들이 생각하려는 자세는 격려와 칭찬을 해주어야
한다. 교수-학습 과정에서 발문을 효과적으로 활용하기 위해서는 교
사가 미리 발문 계획을 세워 그에 따라 진행시키는 것이 좋다. 발문
계획에만 의존해서 실제 수업을 진행시킬 수는 없지만 발문 계획을
미리 세워 놓으면 체계적인 수업 진행에 많은 도움이 된다.

10) 동기 유발을 위한 전략

과학교육 프로그램을 진행하는 데 있어서 학습자 동기를 유발시키
는 것은 매우 중요하다. 학습의 초기 단계에서의 동기 유발은 학습
지속력과 밀접한 관련이 있고 학생들이 능동적으로 의미 구성을 해
나가는 과정에도 영향을 미칠 수 있다. 동기 유발을 위한 대표적인
전략으로는 Keller의 ARCS 모델과 Malone의 CFC 모델이 있다. 각각의
모형 특징을 보면 다음과 같다.

(1) Keller의 ARCS 모델

① A(attention)

이 단계는 학습자의 흥미를 끌 수 있는 소재와 상황을 활용하여 주
의 집중 효과를 높이는 것이 중요하다. 학습자의 주의 집중을 이끌어
내기 위해서는 친숙한 소재를 사용한다든지, 실생활 관련성을 부각하
는 등 방법을 쓸 수 있다(박성익 외, 2012). 컴퓨터를 활용해 다양한
정보 자원을 접하게 하는 것도 효과적이다. 멀티미디어 설계 전략이
주의 집중 효과가 높지만 너무 과도한 주의 집중 요소는 오히려 역기

능적으로 작용할 수 있기 때문에 주의해야 한다.

② R(relevance)

이는 학습자가 학습내용과 관련해서 어느 정도 흥미를 느끼는가와 관련된 단계이다. 학습자와의 관련성이 높은 학습과제와 내용이 제시되면 학습동기가 유발되는 데 도움이 된다. 또한 관련성은 학습에 대한 장기간 목표 면에서도 학습내용의 유용성을 인식하는 계기가 될 수 있다.

③ C(confidence)와 S(satisfaction)

성취 결과에 대해 학습자가 느끼는 인식으로 자신에 대한 확신과 만족을 인식할 수 있다면 학습동기가 유발됨은 물론이고 학습지속력도 유지될 수 있다.

(2) Malone의 CFC 모델

① C(challenge)

학습에 대한 모험과 도전 정신은 명확한 목적이 제시되면서 결과가 불확실할 때 준비되는 특성이 있다. 특히 제시된 목적이 학습자 개인적으로 의미 있는 것일 때 더욱 강하게 작용한다.

② F(fantasy)

학습과 관련하여 모험적인 환경 또는 현실적인 관련물이 제시되면 학습과정에 훨씬 더 흥미로움을 느끼게 된다. 이것이 학습을 계속하려는 학습의욕으로 연결될 수 있다.

③ C(curiosity)

학습에서의 동기 유발이 지속되기 위해서는 학습과정과 결과에 대한 호기심이 지속적으로 유지되어야 한다. 특히 많은 정보와 자료에서 의미를 찾아가는 과정은 정보 탐험적인 성격이 있어서 학습자의 호기심을 자극할 수 있다. 또한 학습자의 내적 동기와 관련될 수 있는 자료를 제시한다면 보다 더 효과적이다.

(3) 일반적인 동기 유발 전략

과학교육 프로그램에서 활용할 수 있는 대표적인 동기 유발 전략은 다음과 같다.

① 변화와 호기심

학습 내용의 조직과 제시에 다양한 변화를 줌으로써 학습자의 관심과 호기심을 지속적으로 자극할 수 있다. 특히 어떤 문제점이나 모순점을 제시함으로써 심적인 또는 인지적 갈등을 일으켜 동료들과 경쟁학습에 참여할 수 있게 할 수 있다. 또한 다양한 학습자들의 학습양식에 맞는 자료와 과제를 제시하면 더욱 효과적이다.

② 관련성

기본적으로 학습내용이 학습자의 선행지식 또는 경험 등과 관련되어 있으면 동기 유발에 매우 유리하다. 학습목표를 명확히 제시해 목표와의 관련성을 활용하는 것도 효과적이다. 교수－학습 과정 자체의 목표뿐만 아니라 학습자의 미래 목표와 본 학습내용과의 관련성을 활용하는 것도 좋은 방법이다.

③ 도전수준

학습 목표와 함께 필수적인 성취수준을 제시하는 것은 학습자에게 적절한 도전 의식을 유발시킬 수 있다. 특히 적절한 선행조직자를 제시함으로써 학습자가 스스로 학습 진전 상황 및 학습방법을 알 수 있게 하는 것도 효과적이다.

4. 과학교육 프로그램 평가

1) 프로그램 평가의 기능

평가는 대상에 대한 이해, 진단 및 치료의 기능을 갖는다. 교육평가는 기본적으로 학습자의 성취 정도를 정확히 파악하는 것을 목적으로 하고 있다. 또한 평가를 통해 프로그램 구성 요소들에 대한 개선도 가능하게 된다. 즉 학습자를 평가하여 얻은 결과는 결과적으로 교수자에 대한 평가로 환원되는 특성을 갖는다(김진화와 정지웅, 2000).

특히 평가는 학습자들의 학습을 촉진시키기 위해 필요한 학습동기 유발의 기능도 갖는다. 평가를 통해 얻어진 결과는 향후 생활지도나 상담 등에 자료로 활용될 수 있다.

2) 과학교육 프로그램 평가의 원리

교육 분야에서 평가와 관련해 많은 용어의 의미가 혼용되는 경향이 있다. 평가(evaluation)는 특정 준거나 표준에 따라 교육의 입력, 과정 및 성과 등에 대한 가치를 결정하는 행위로 해석된다. 그에 비해 사정(assessment)은 인간의 심리적 또는 행동적 특성의 크기나 수준을 감정 혹은 추정하는 것으로 정의되고, 측정(measurement)은 일정한 법칙에 의거하여 어떤 사물이나 그 속성에 수치를 부가하는 것으로 받아들여지고 있다. 이 외에도 검사(testing)는 평가의 바탕이 되는 자료를 객관적으로 수집하는 측정수단으로 개인차를 밝힐 목적으로 표준화된 조건에서 개인의 특성을 재기 위한 객관적이고 조직적인 절차 또는 도구로 풀이된다.

(1) 교육평가의 정의

① 가치판단론적 정의

교육평가와 관련해 Tyler(1951)는 교육평가란 교육과정과 수업활동을 통해 교육목표가 실제로 도달된 정도를 결정하는 과정이라고 정의하고 있다. 즉 교육을 통해 이룩하고자 하는 교육목표에서 목표는 바로 가치를 명시한 것이기 때문에 교육과정과 수업을 매개로 하여 교육목표가 달성된 정도를 확인·결정한다는 것은 교육목표에 설정되어 있는 가치가 성취된 정도를 따지는 일종의 가치판단이라고 보는 관점이다.

② 정보처리론적 정의

정보처리론적 정의는 Cronbach 등에 의해 제기된 것으로 Cronba-ch(1984)는 교육평가란 교육 프로그램에 관한 의사 결정을 내리는 데 필요한 정보를 수집하고 사용하는 과정이라고 보았다. 따라서 평가가 가지고 있는 기능 중 교육에 관한 의사 결정을 내릴 때 필요한 정보를 수집해서 의사 결정에 활용하는 과정으로 부각시키려고 했다.

③ 통합절충론적 정의

Nevo(1986)는 의사 결정 과정에서 가치판단을 전적으로 배제한다는 것은 현실적으로 있을 수 없는 일이라고 반박하면서 교육의 과정 또는 성과에 관해 어떤 결정을 내릴 목적으로 교육의 과정과 성과에 대한 가치와 장점을 체계적으로 조사 활용하는 과정과 활동이라고 강조했다.

(2) 교육평가의 기능

교육평가의 기능은 매우 광범위하다. 교육요구 사정을 비롯해 교육목표 선정, 교육시설 확충, 프로그램 개발, 교육재정 지원, 학교 운영 개선, 투자 효과 분석, 교육과정 운영, 교육환경 보완, 교육정책 수립, 교육방법 개선, 교정지도 실시, 교육계획 수립, 학습집단 편성, 특별활동 운영, 학습결과 확인, 학습동기 촉진, 피드백 제공 등 다양한 기능이 언급되고 있다. 다양한 기능들을 범주화시켜 보면 대체적으로 다음과 같은 세 가지 유형으로 나누어 볼 수 있다.

- 개발, 수정 보완, 대안 탐색을 위한 형성적 기능
- 선발, 자격 인정, 책무 확인을 위한 총괄적 기능

- 홍보, 주의 환기, 동기 촉진을 위한 전략적 기능

(3) 과학학습평가의 기능

특히 과학학습평가는 다양한 기능을 가지고 있는데 우선 학생에게는 학습동기의 강화와 함께 자신의 학습방법에 대한 이해의 기회를 제공하고 그에 기초해 학습방법에 대한 평가로 연결될 수 있다. 또한 현재 자신의 학습상태에 대한 점검이 가능해지고 이러한 피드백을 바탕으로 진로의 선택에 대한 시사점을 얻을 수 있다. 교사에게 있어서 평가는 학습자들의 학습과정에 대해 이해할 수 있는 기회를 제공하고 학습상태의 점검과 그에 따른 효과적인 학습집단의 조직과 관련한 시사점을 얻을 수 있다. 또한 학생의 진로지도에 도움이 되고 자신의 교수방법에 대한 평가가 가능해진다. 학부모에게는 자녀의 학습상태에 대한 점검과 함께 향후 진로 탐색 및 지도에 대한 정보를 얻을 수 있다.

과학학습평가는 학생과 교사, 학부모뿐만 아니라 사회적으로도 중요한 기능을 제공한다. 우선 입학생의 선발, 취업자의 선발 등의 과정에 중요한 정보를 제공하고 사회적으로 구축되어 있는 교육지원체제에 대한 평가도 이루어질 수 있다.

과학교육 프로그램 평가에 대한 사항은 프로그램 설계 단계에서부터 기술되어야 한다. 과학교육뿐만 아니라 구체적인 프로그램 평가를 위해서는 몇 가지의 기본 원리가 제시되고 있다(이무근, 1994).

첫째, 프로그램 평가는 실행 과정에서 다양한 사상, 조건, 상태들에 대한 바람직성을 평가하게 된다.

둘째, 프로그램 평가는 이론적으로 또는 평면적으로 이루어지는 것이 아니라 실제 프로그램이 실행되는 상황 속에서의 평가활동이다.

셋째, 프로그램 평가는 향후의 의사 결정과 정책 수립에 연관성을 지닌다.

넷째, 프로그램 평가는 일회성으로 이루어지기보다는 지속적으로 전개되어 본질적인 평가의 목적을 구현해야 한다.

(4) 과학교육평가의 요소

① 타당도

평가에서 타당도란 측정하고자 하는 것을 어느 정도 충실히 측정하는가에 대한 분석이다. 이에 대하여 미국 심리학회의 교육 및 심리 검사의 기준(Standards for Educational and Psychological Testing, 1999)에서는 '검사점수에 근거한 특정한 추론의 적절성·유의미성·유용성'으로 정의 내리기도 한다. 타당도는 흔히 내용타당도, 준거타당도, 구인타당도 등으로 구분된다.

◼ 내용타당도(content validity)

측정하려고 하는 내용(교육목표)을 어느 정도로 충실히 측정하고 있는가를 논리적으로 분석하여 평가하는 것으로 전문가가 평가목표나 교육과정 내용과의 관계를 면밀히 검토하여 판단하는 것이 일반적이다.

◼ 준거 관련 타당도(criterion related validity)

준거타당도는 다시 예언타당도와 공인타당도로 세분된다.

► 예언타당도

예언타당도는 현재 검사에서 얻은 점수를 가지고 미래의 준거가 될 만한 행동 특성을 어느 정도 정확하게 예언할 수 있는가를 판단하는 것이다.

► 공인타당도

공인타당도는 해당 검사의 점수를 타당성이 이미 인정된 기존의 다른 검사에서 얻은 점수나 또는 현재의 어떤 준거 변인의 점수와 관련시켜서 둘 사이에 공통성이 있는가를 검토하여 타당도를 결정하는 것이다.

■ 구인타당도(construct validity)

구인이란 지능, 불안, 성취동기, 과학적 태도 등 직접 관찰할 수는 없으나 검사의 성취에 반영되어 있다고 짐작되는 인간의 어떤 가정적 속성을 의미한다. 이에 대해 Cronbach(1070)는 "검사의 결과로 산출된 점수의 의미를 심리학적 개념으로 분석하는 것"이라고 정의했다. 즉 구인타당도란 한 검사가 조작적으로 정의되지 않은 어떤 특성이나 성질을 측정했을 때 그것을 과학적 개념으로 분석하고 의미를 부여하는 과정에서 분석되는 것이다. Campbell과 Fiske(1959)는 구인타당도를 검사하기 위해서는 검사가 이론적으로 관련 있는 변인들과 높은 상관을 보여야 하고 관련이 없다고 판단되는 변인과는 유의미한 상관관계가 성립되지 않아야 한다고 강조했다.

② 신뢰도

신뢰도란 측정하고자 하는 내용을 얼마나 정확하고 정밀하게 오차 없이 측정하고 있느냐 하는 정도를 분석하는 것이다. 신뢰도를 분석하는 유형으로는 재검사 신뢰도, 동형검사 신뢰도, 반분검사 신뢰도, 문항 내적 합치도 등이 있다.

◉ 재검사 신뢰도

이는 한 개의 평가도구 혹은 검사를 같은 대상 또는 집단에 두 번 실시해서 그 결과의 일치도를 상관계수로 산출하는 방식을 의미한다. 그러나 동일 평가도구를 사용하기 때문에 연습의 효과를 배제하기 어렵다는 단점이 있다.

◉ 동형검사 신뢰도

동형검사 신뢰도란 같은 특성을 측정하는 두 개의 동형검사를 개발하여 동일한 집단에 두 검사를 실시한 후 두 검사에서 얻은 결과 사이의 상관 계수를 구하여 결정하는 방식이다. 그러나 완전한 동형검사를 개발하는 것이 어렵다는 한계를 지닌다.

◉ 반분검사 신뢰도

하나의 평가도구 혹은 검사를 한 집단에 실시한 후 이를 적절한 방법에 의해 두 부분으로 나누고 두 부분에서 얻은 점수를 독립된 검사처럼 다루어 그 사이의 상관계수를 구하는 방법이다.

■ 문항 내적 합치도

각 문항에 반응하는 일관성 정도를 측정하는 것으로서 검사를 구성하는 각 문항을 독립된 한 개의 검사 단위로 간주하고 문항 간의 동질성, 합치성을 상관계수로 표시한다.

③ 객관도

검사에서 객관도란 채점자 간 신뢰도라고 할 수 있다. 즉 검사의 채점자가 편견 없이 공정하고 신뢰성 있게 채점했느냐의 문제이다. 동일 검사 결과를 여러 채점자가 채점했을 때 채점자 간 점수 차가 없을수록 객관도를 높일 수 있다.

검사의 객관도를 높이기 위해서는 검사 실시 및 채점기준을 객관화·표준화하는 과정이 필요하다(김석우와 최태진, 2007).

④ 실용도

검사의 실용도는 어떤 검사를 실시할 때 필요한 시간, 경비, 노력 등에 대한 것이다. 즉 적은 비용과 노력으로 최대의 평가효과를 낼 수 있어야 좋은 검사라고 볼 수 있다.

(5) 수행평가

지필검사 위주의 전통적인 평가에 대한 비판은 계속적으로 제기되어 왔다. 이에 대한 대안으로 등장한 검사법을 통틀어 대안평가라고 지칭한다. 이와 비슷한 용어로 참평가가 있는데 참평가는 과학지식과 탐구기능을 실제의 세계에 응용하거나 과학자처럼 연구하게 하는 평가라고 구별할 수 있다.

다양한 대안평가의 방법 중 우리나라 교육현장에 도입되어 실시되고 있는 것이 수행평가이다. 수행평가는 기본적으로 실제 상황이나 사회 및 생활에서 선정한 소재로 구성되는데 자료를 이용하여 글, 그림, 운동 등으로 이해한 정도를 나타내는 행위, 학생 스스로 지식이나 기능을 나타낼 수 있도록 산출물을 만들게 하거나 답을 작성하도록 요구하는 평가방식을 채택하고 있다. 따라서 평가의 주안점이 옳은 답인가를 판단하는 것보다는 그 답을 얻는 합리성에 두고 있다. 따라서 수행평가는 수행에 대한 평가이면서 과정에 대한 평가라는 특징을 가지고 있다. 수행평가와 전통적 평가의 차이에 대해 조희형과 최경희(2000)는 평가체제, 목적, 내용, 방법 등으로 나누어 설명하고 있다 (<표 6-13>).

〈표 6-13〉 수행평가와 전통적 평가의 차이(조희형과 최경희, 2000)

구분	전통적 평가	수행평가
진리관	절대주의	상대주의
철학적 근거	합리론, 경험론	구성주의
시대적 상황	산업화 시대, 소품종 대량 생산	정보화시대, 다품종 소량 생산
평가체제	상대평가, 양적 평가, 선발형 평가	절대평가, 질적 평가, 충고형 평가
평가목적	선발, 분류, 배치	지도, 조언, 개선
평가내용	내용적 지식, 학습의 결과	절차적 지식, 학습의 결과, 과정 중시
평가방법	선택형 평가 위주, 표준화 검사 중시	수행평가, 개별교사에 의한 평가
평가시기	학습활동 종료 시, 교수 학습과 평가 분리	학습활동의 모든 과정
교사의 역할	지식의 전달자	학습의 안내자, 촉진자
학생의 역할	수동적인 학습자, 지식의 재생산자	능동적인 학습자, 지식의 창조자
교과서의 역할	교수, 학습, 평가의 핵심적 내용	교수, 학습, 평가의 보조 자료
교수-학습활동	교사, 인지적 영역 중심, 암기 위주	학생 중심, 모든 영역 강조

① 수행평가의 필요성

교수-학습 과정에서 수행평가가 왜 필요한가에 대한 의견은 기본적으로 객관식 위주의 지필검사에 대한 비판에서부터 비롯되었다고 볼 수 있는데 대체적으로 다음과 같이 정리할 수 있다.

첫째, 창의성, 문제 해결력, 비판력 등 고등 사고력을 신장시킬 수 있다.

둘째, 교수-학습 과정에 대한 개선이 가능하다.

셋째, 학습을 통해 무엇을 알았는가뿐만 아니라 알게 된 것을 적용할 수 있는지 파악할 수 있다.

넷째, 학습자들이 일회적인 평가에 대비하는 것이 아닌 의미 있는 학습을 하도록 한다.

다섯째, 학습과정에서 나타나는 다양성 속에서 학습자의 특성에 적합한 평가를 할 수 있다.

② 수행평가 과제의 개발

수행평가에 적합한 과제를 개발하기 위해서는 고려해야 할 사항들이 있다. 특히 전통적인 평가가 아닌 수행평가의 특성을 잘 반영할 수 있는 과제의 개발은 수행평가 본래의 의미를 구현한다는 점에서 의미가 있다. 수행평가 과제 개발을 위해 검토해야 할 사항은 다음과 같다(조희형과 최경희, 2000).

▶ 전통적 평가에서 다루지 못하는 기본적 과제, 성취도, 기질, 중요한 전문적 지식 등은 무엇인가?

▶ 학생들이 직면할 또는 숙달해야 할 핵심적 수행, 역할, 상황이 무엇인가?

▶ 실제의 수행 판단에 이용할 독특한 준거가 무엇인가?

▸ 평가과제의 숙달이 실제로 무엇을 의미하는가?

▸ 다른 사람의 도움, 자료의 수집, 시간, 보조자, 기준에 관한 사전
지식 등 검사에 필요한 조건들이 실제적인가?

▸ 과제가 학생들의 능력을 충분히 평가할 수 있을 만큼 포괄적이고
심도 있는 것인가?

▸ 검사를 객관적으로 실시할 수 있는가?

▸ 그 결과를 누구에게 알릴 것인가?

이러한 항목들을 토대로 과제 개발이 이루어진다. 일반적으로 수행평가 과제 개발은 목표 진술, 과제 형식의 결정, 과제 작성 및 수정, 투입 절차 명료화, 채점기준의 개발, 과제 실험 투입, 결과의 분석, 과제의 수정 과정을 거쳐 이루어진다.

③ 수행평가 평가방식의 예

수행평가를 실시할 때 평가방식은 학습자의 선택적 반응을 요구하지 않는다는 점에서 비수행평가와 크게 다르다. 과학교육에서도 평가의 목적과 상황에 따라 다양한 형태의 수행평가 방식을 활용할 수 있다.

〈표 6-14〉 수행평가 방식(조희형과 최경희, 2000)

| 비수행평가 | 수행평가에 해당 | | | |
선택적 반응요구	구성적 반응요구	특정 산출물 요구	특정 활동 요구	과정을 밝힘
*선택적 문항 *진위형 문항 *결합형 문항	*완성형 문항 *단답형 *도표, 그림에 제목 붙이기 *과제물 제시 *시각적 자료 만들기(개념도, 표, 그래프 등)	*수필 *연구보고서 *과제일지 *실험보고서 *이야기/극본 *시 *포트폴리오 *미술작품 전시 *과학프로젝트 *모형 구성	*구두발표 *무용, 동작 발표 *과학실험 시연 *체육경기 *연극 *토론 *음악발표	*구두질문 *관찰 *면담 *회의 *과정 기술 *사고과정 표현 *학습일지

Part 07

과학교육 프로그램 개발의 실제

1. 창의적 체험활동의 성격과 목표

1) 성격(교육부, 2008)

창의적 체험활동은 교과 이외의 활동으로서 교과와 상호보완적 관계에 있으며, 앎을 적극적으로 실천하고 나눔과 배려를 할 줄 아는 창의성과 인성을 겸비한 미래지향적 인재 양성을 목적으로 한다. 창의적 체험활동은 기본적으로 자율성에 바탕을 둔 집단활동의 성격을 지니고 있으며, 집단에 소속된 개인의 개성과 창의성도 아울러 고양하려는 교육적 노력을 포함한다.

창의적 체험활동 교육과정은 자율활동, 동아리활동, 봉사활동, 진로활동 4개 영역으로 구성된다. 영역별 구체적인 활동 내용은 학생, 학급, 학년, 학교 및 지역사회의 특성에 맞게 학교에서 선택하여 융통성 있게 운영할 수 있다. 여기에 제시되는 영역과 활동 내용은 권고적인 성격을 띠고 있으며, 학교에서는 이보다 더 창의적이고 풍성한 교육과정을 선택과 집중하여 운영할 수 있다.

2) 목표

학생들은 창의적 체험활동에 자발적으로 참여하여 개개인의 소질과 잠재력을 계발·신장하고, 자율적인 생활 자세를 기르며, 타인에 대한 이해를 바탕으로 나눔과 배려를 실천함으로써 공동체 의식과 세계 시민으로서 갖추어야 할 다양하고 수준 높은 자질 함양을 지향한다.

① 각종 행사, 창의적 특색활동에 자발적으로 참여하여, 변화하는 환경에 적극적으로 대처하는 능력을 기르고, 공동체 구성원으로서의 역할을 수행한다.
② 동아리활동에 자율적이고 지속적으로 참여하여 각자의 취미와 특기를 창의적으로 계발하고, 협동적 학습능력과 창의적 태도를 기른다.
③ 이웃과 지역사회를 위한 나눔과 배려의 활동을 실천하고, 자연환경을 보존하는 생활습관을 형성하여 더불어 사는 삶의 가치를 깨닫는다.
④ 흥미와 소질, 적성을 파악하여 자기 정체성을 확립하고, 학업과 직업에 대한 다양한 정보를 탐색하여 자신의 진로를 설계하고 준비한다.

3) 내용 체계

영역	성격	활동
자율 활동	학교는 학생 중심의 자율적 활동을 추진하고, 학생은 다양한 교육활동에 능동적으로 참여한다.	− 적응활동 − 자치활동 − 행사활동 − 창의적 특색활동
동아리 활동	학생은 자발적으로 집단활동에 참여하여 협동하는 태도를 기르고 각자의 취미와 특기를 신장한다.	− 학술활동 − 문화 예술 활동 − 스포츠 활동 − 실습 노작 활동 − 청소년 단체 활동
봉사 활동	학생은 이웃과 지역사회를 위한 나눔과 배려의 활동을 실천하고, 자연환경을 보존한다.	− 교내 봉사활동 − 지역사회 봉사활동 − 자연환경 보호 활동 − 캠페인 활동 등
진로 활동	학생은 자신의 흥미, 특기, 적성에 적합한 자기 계발 활동을 통하여 진로를 탐색하고 설계한다.	− 자기 이해 활동 − 진로정보 탐색 활동 − 진로 계획 활동 − 진로 체험활동 등

4) 운영 및 지원

① 창의적 체험활동에 배당된 시간(단위) 수는 영역별로 학생의 요구, 학교 및 지역의 특성을 고려하여 학교의 재량으로 배정하되, 학생의 발달 단계를 고려하여 학교 급별, 학년별로 활동 영역 및 내용을 선택하여 집중적으로 운영할 수 있다.

② 창의적 체험활동의 운영의 효율성을 높이기 위해 관련 교과 및 창의적 체험활동의 하위 영역 간에 통합하여 편성·운영할 수 있다.

③ 창의적 체험활동 운영 계획은 학생들의 흥미와 소질, 학교와 지역 사회의 실정을 고려하여 작성하되, 계획을 수립하고 운영하는 과

정에서 학생들의 의사가 적극적으로 표현되어 반영되도록 한다.

④ 창의적 체험활동은 학교의 필요에 따라 기준 시간(단위)보다 더 많은 시간을 확보하여 운영할 수 있으며, 시간 운영은 통합, 집중 등 다양한 방식으로 융통성 있게 할 수 있다.

⑤ 활동의 내용, 조직 단위, 장소, 시설 등 규모와 여건을 고려하여 정일제, 격주제, 전일제, 집중제 등과 같이 융통성 있게 운영할 수 있다.

⑥ 자율활동의 국토 순례활동, 봉사활동, 진로 체험활동 등은 활동의 특성에 따라 방학 기간을 이용하여 집중 운영할 수 있다.

⑦ 입학 초기 적응활동은 창의적 체험활동의 자율활동 중 '적응활동'의 일부로 편성하여 지도한다. 특히 초등학교 1학년과 사춘기 학생들의 적응활동을 위한 적절한 교육 프로그램을 개발하여 적용한다.

⑧ 학교와 교사, 학생의 요구와 필요에 따른 범교과 학습과 자기주도적 학습을 창의적 체험활동의 영역과 연계하여 운영할 수 있다.

⑨ 지역사회의 인적·물적 자원을 최대한 활용하기 위하여 창의적 체험활동 영역별로 활용 가능한 인사, 시설, 기관, 자료 등 자원 실태를 파악하고, 다양한 활동 프로그램을 개발하여 창의적으로 운영한다.

⑩ 시도 교육청 및 지역 교육청은 창의적 체험활동을 운영하는 데 필요한 지도자, 보조자 등의 인적 자원과 제반 시설, 설비, 자료 등의 물적 자원 및 프로그램을 지원한다.

⑪ 시도 교육청 및 지역 교육청은 창의적 체험활동 지도 자료 및 프로그램의 개발 및 보급, 연수 과정의 개설, 연구학교의 운영

 과학교육 프로그램 개발의 이론과 실제

등을 통하여 각급 학교의 창의적 체험활동 운영과 개선을 지원한다.

5) 평가

① 학교와 지역사회의 실정 및 교육목표에 비추어 적합하게 이루어지도록 평가한다.

② 교육목표의 설정, 평가장면의 선정, 평가도구의 제작, 평가의 실시 및 결과 처리, 평가결과의 해석 및 활용의 절차를 고려하여 평가한다.

③ 영역별로 평가관점을 마련하고 참여도, 협력도, 열성도 및 그 이외의 활동 실적 등이 골고루 반영되도록 평정 척도를 작성, 활용한다.

④ 학생의 자기 평가, 상호 평가, 활동 및 관찰 기록, 질문지, 작품 분석, 포트폴리오 등 다양한 방법으로 평가한다.

⑤ 평가결과는 평소의 활동 상황을 누가 기록한 자료를 토대로 학생의 활동 실적, 진보의 정도, 행동의 변화, 특기 사항 등을 담임 또는 담당 교사가 수시로 평가한다.

⑥ 학생이 창의적 체험활동에 참여한 정도와 성과를 지속적으로 기록하고, 학교가 제공한 창의적 체험활동 프로그램의 특성을 상세히 기록하여 상급학교 진학 자료로 활용되도록 한다.

⑦ 학생 개개인의 성장, 발달, 변화를 평가하여 그 결과를 학생의 계속적 진보와 계발을 돕는 자료로 활용함은 물론, 학급 또는 학교 차원에서 전체 집단의 성장, 발달, 변화 등을 평가하여 지

도 방법 개선 자료로 활용한다.

⑧ 프로그램 평가에는 운영 계획, 운영 과정, 운영 결과 등이 포함
되도록 하며, 평가결과는 차후 창의적 체험활동 계획 수립 및
운영의 개선 자료로 활용한다.

2. 과학교육 프로그램 개발의 실례

중등학교 현장에서 활용할 수 있는 과학교육 프로그램 개발을 위해 실제 개발된 과학 프로그램들을 소개하고자 한다.

이 책에서 소개하는 과학 프로그램들은 크게 세 가지 유형으로 나눌 수 있다. 첫째는 창의적 체험활동에 활용할 수 있도록 개발된 프로그램들이다. 이는 과학 예비교사들이 참여하여 이루어진 것으로 중등학교에서 한 학기 동안 진행할 수 있는 과학교육 프로그램을 설계했다. 특히 이 프로그램들은 단편적인 실험의 나열이 아니라 프로그램의 각 내용이 전체적인 목표 아래 일관성 있게 구성되었다. 개발된 프로그램들은 대부분 활동 중심으로 구성되었는데 각 프로그램의 전체적인 구성을 제시하고, 특성 있는 활동들을 자세히 소개하고자 한다.

둘째는 환경 관련 체험학습 프로그램으로 초등학교에서 활용할 수 있도록 구성되었다. 특히 이 프로그램은 지역화 교육의 특성을 반영해 지역 자원을 활용하도록 했다. 셋째는 중등학교 학생들을 대상으로 하는 과학사 학습 프로그램이다. 이는 과학사 자료들을 개발하고 교육과정상의 학습내용과 연계해 개발된 프로그램으로 과학수업에 활용할 수 있도록 구성되었다. 넷째는 다문화 과학교육 프로그램으로

기본적으로 문화다원주의적 관점에 근거한 '모두를 위한 과학교육'으로서의 다문화 교수활동을 기초로 하고 있다. 과학은 자연 세계를 읽는 세계 공통의 언어라고 볼 수 있다. 세계 각지에서 일어나는 자연 현상들과 실생활에서 겪게 되는 상황들은 서로 완전히 다른 것처럼 보이지만 그 현상을 일으키는 근본적인 원리는 동일하게 설명되는 경우가 많다. 예를 들어 바람이 부는 것과 우리가 숨을 쉴 수 있는 것은 겉으로 보기에는 아무 관련이 없어 보이지만 결국 압력의 차이라는 동일 원리로 해석된다.

따라서 다문화 과학교육 프로그램 개발은 공통의 과학원리로 설명할 수 있는 내용들을 중심으로 이루어졌다. 특히 세계 각국의 문화와 역사적 특징과 과학원리를 연결할 수 있는 부분을 학습주제로 선정했다.

1) 과학교육 프로그램의 실례

(1) 과학적 탐구력을 기르기 위한 과학교육 프로그램

프로그램 명칭			STS 과학교실
특징 및 목적			▶ 실생활과 밀접하게 연관된 STS적인 문제들과 스스로 실험을 설계하는 개방적인 탐구 문제를 통해 종합적 문제 해결력을 함양하기 위한 것이다. ▶ 학습자들이 문제 해결을 위한 방법을 설계, 수행하는 형태의 학습자 중심 프로그램이다. ▶ 협동학습을 통해 상호작용을 학습할 수 있는 프로그램이다.
내용	1	T-Puzzle, 착시 현상 경험하기	(1) 팀을 구성하고 팀 이름을 정한다. (2) T-puzzle을 이용하여 고정관념에서 벗어나기를 시도한다. (3) 착시 현상과 관련된 다양한 영상 자료를 통해 인간의 감각이 가지는 한계점을 인식하게 한다.

내용	2	창의적인 방법으로 학교 높이 재기	(1) 여러 가지 도구 중 하나를 선택하여 건물의 높이를 잴 수 있는 방법을 모둠별 토의한다. (2) 모둠별로 실제 수행을 통해 학교 높이 측정 미션을 실시한다. (3) 건물의 실제 높이를 공개하고 평가기준에 따라 점수를 매겨 우승팀을 정한다.
	3	두 가지 물건 또는 기능을 결합하여 새로운 발명품 만들기	(1) 히터 키보드, 보온 슬리퍼 등을 소개하고 실생활에서 활용할 수 있는 발명 아이디어를 고안하게 한다. (2) '강제결합법'을 활용해 창의적인 사고를 촉진한다. (3) 실생활에서 생각의 전환을 통해 편리해질 수 있는 것들을 토의한다.
	4	생활 속 과학원리: 풍선을 부는 새로운 방법, 스핑크스를 지킬 수 있는 방법	(1) 과학실 내의 도구와 학생들의 폐활량만을 이용해 풍선을 불 수 있는 방법을 고안한다. (2) 기압차 이용하기, 온도에 따른 기체 부피의 팽창 이용하기 등 다양한 과학적 원리를 이용하도록 한다. (3) 비둘기의 배설물로 인한 스핑크스의 훼손을 막을 수 있는 방법을 고안한다.
	5	표면장력과 입체 구조물에 대한 실험	(1) 비눗방울이 잘 터지지 않도록 합성세제와 글리세린의 혼합비율을 조절하여 대형 비눗방울을 만들어 본다. (2) 비눗방울 뜨개용 입체 구조물을 만들어 봄으로써 자연에 존재하는 분자의 결정 구조를 이해한다.
	6	홍차의 색깔을 변화시키는 원인 찾기	(1) 실험을 통해 홍차 색깔을 변화시키는 원인을 찾아내고 변인들 간의 관계에 대해 설명한다. (2) 여러 가지 실험 도구를 이용해 설정된 가설을 검증할 수 있는 실험 설계를 하도록 한다.
	7	루브 골드버그 장치 만들기	(1) 루브 골드버그 장치의 의미를 알고 그 원리를 이해한다. (2) 마인드맵을 이용해 골드버그 장치를 계획하고 모둠별로 발표한다. (3) 골드버그 장치의 설계도면을 작성하고 제작한다.
	8	루브 골드버그 장치 만들기	(1) 도면에 따라 완성된 골드버그 장치를 발표하고 전시한다. (2) 작동되는 골드버그 장치를 UCC로 제작한다.

> **오늘은 곰돌이의 생일이에요!**
>
> 곰돌이는 풍선을 정말 좋아해요. 이번 생일에 여러분이 곰돌이에게 형형색색의 풍선을 선물로 준다면 잊지 못할 생일이 될 것 같아요.
> 단, 공기 펌프를 사용하지 말고, 과학실 내의 도구들만 사용하여야 합니다.
>
> ☞ 공기펌프는 사용할 수 없습니다.
> 　 위험한 약품은 사용하면 안 됩니다.
> 　 과학실 내 실험 도구는 하나 이상 사용해야 합니다.
> 　 실험도구를 이용하여 풍선을 부풀게 할 경우 풍선이 팽팽하게 부풀지 않아도 됩니다.

1. 도입
- 풍선을 이용한 장식을 함께 보면서 활동과 연결 짓는다.
- 학생들이 해결해야 할 미션을 제시한다.
- 미션에 대한 평가기준을 제시한다.
  - 어떻게 풍선을 부풀게 할 것인가 계획을 단계별로 세운다.
  - 과학실 내의 도구를 다양하게 그리고 도구의 특성과 목적에 맞게 적절히 사용한다.
  - 풍선을 다양한 방법으로 부풀게 한다.
  - 제한 시간 내에 풍선을 많이 부풀게 한다.
  - 풍선을 부풀게 한 원리를 과학원리와 연결 지어 제시한다.

2. 계획 수립 및 수행 준비
- 모둠별로 풍선을 부풀게 할 여러 방법을 구성해본다. 실험도구

를 이용할 수도 있고 구성원들이 돌아가며 풍선을 직접 불 수도
있다. 이때 창의적인 아이디어를 생각해 낼 수 있도록 적극적으
로 격려한다. 특히 고안해 낸 방법에 대해 세부적인 계획을 세
울 수 있도록 한다.

3. 주어진 시간 안에 수행하기
– 각 모둠의 계획에 따라 10분간 풍선을 불고 결과를 정리한다.

4. 모둠별 발표
– 모둠별로 해당 실험 도구를 사용한 이유에 대해 설명한다.
– 과학적 원리와 연결하여 발표할 경우 피드백을 통해 내적 동기
  를 강화시킨다. 설명 중 오개념이 있다면 과학개념으로 변화할
  수 있도록 한다.

5. 평가결과 발표
– 평가기준에 따라 결과를 발표한다.

(2) 환경문제를 토대로 한 과학교육 프로그램

프로그램 명칭			환경지킴이
특징 및 목적			▶ 다양한 영역에서 나타나는 환경문제를 통해 환경문제의 심각성을 깨닫는다. ▶ 환경문제를 해결하기 위한 여러 가지 방법을 배우고 스스로 모색해 본다. ▶ 모둠 활동을 통해 협동심을 기른다.
내용	1	오리엔테이션	(1) 프로그램 시작 전 환경에 관한 인식 조사를 위한 설문지를 작성한다. (2) 학습자 자신의 인식을 바탕으로 환경시계를 만들어 본다.

내용	2	음식물과 건강	(1) 식품과 관련된 다큐멘터리 영상을 보고 음식물과 건강의 관계에 대해 생각한다. (2) '나의 식생활 돌아보기' 활동지를 작성해 현재의 식습관에 대해 인식한다. (3) 식품첨가물의 문제를 짚어 보고, 건강을 위한 식단을 작성해 본다.
	3	환경호르몬	(1) 환경호르몬에 관한 자료들을 통해 생활 주변에 노출되어 있는 환경호르몬의 실태를 인식한다. (2) 환경호르몬을 줄일 수 있는 방법에 대해 토의하고 발표한다. (3) 우유로 플라스틱 만들어 보기 실험을 실시한다.
	4	물 부족	(1) 지구에서 사용 가능한 물의 양을 알아보고 물 부족 현황을 인식한다. (2) 물 사용에 대한 일기 쓰기와 하루 동안 사용한 물의 양 알아보기 등을 통해 일상생활 속에서 물 사용을 되짚어 본다. (3) 물 절약과 수질 오염 방지를 위한 캠페인 자료를 만든다.
	5	에너지	(1) 에너지의 생산과 사용에 관한 자료를 통해 에너지의 중요성을 인식한다. (2) 에너지 사용 일지 쓰기, 에너지 관련 게임 등을 통해 에너지 절약을 실천할 수 있는 태도를 기른다. (3) 대체에너지 개발과 이용 현황에 대해 안다.
	6	온난화	(1) 각종 매체에 소개된 지구 온난화 영상을 통해 그 심각성을 인식한다. (2) 지구 온난화와 관련해 우리나라 생태계의 변화를 알아본다. (3) 온난화의 심각성을 알리는 포스터, 노래 등을 만들고, 학습자 자신의 실천 사항을 목록으로 만들어 본다.
	7	인간의 활동과 동식물	(1) 생태계를 구성하는 다양한 생물체들의 중요성에 대해 이해한다. (2) '외래어를 잡아라' 등의 플래시 게임을 통해 고유종과 천연기념물 등에 대해 이해한다. (3) 환경 관련 상식들을 이용해 환경 퍼즐을 만들어본다.
	8	진로 선택 및 생태 탐방	(1) 환경과 관련된 다양한 직업을 소개해 진로 탐색에 도움이 되도록 한다. (2) 학교 주변 적합한 장소를 정해 탐방함으로써 그동안 배운 환경 관련 내용을 체험하는 기회를 갖는다.

(3) 글쓰기와 과학을 연계한 프로그램

프로그램 명칭			과학 글쓰기
특징 및 목적			▶ 과학과 관련한 다양하고 재미있는 글쓰기를 통해 과학 글쓰기에 자신감을 가지게 한다. ▶ 글쓰기를 통해 과학적 사고력을 신장시킨다.
내용	1	과학 글쓰기에 대한 이해	(1) 과학 글쓰기를 위한 기본적인 내용을 소개한다. (2) 과학 글쓰기 사례를 소개하고 그에 대한 생각을 교환한다.
	2	광고 글쓰기- 스마트폰	(1) 전화기의 변천사를 통해 과학기술의 발전에 대해 안다. (2) 스마트폰 제작 원리를 조사하고 그에 따른 광고 문구를 모둠별로 쓴다.
	3	감상문 글쓰기- 인간 복제	(1) 인간 복제를 다룬 영화를 감상한 후 감상문을 쓴다. (2) 감상문 발표와 함께 과학기술의 발전이 미래 사회에 어떠한 영향을 미칠 수 있는지에 대해 토의한다.
	4	일기 글쓰기- 로봇	(1) 로봇을 소재로 하는 영화를 감상하고, 로봇 기술에 관한 자료를 읽는다. (2) 미래 사회의 로봇에 대한 생각을 일기 형식으로 작성하고 발표한다.
	5	편지 글쓰기- 타임머신	(1) 학습자 자신이 역사 속 과학자가 되어 가족, 친구, 지인 등에게 편지를 쓴다. (2) 편지 글쓰기를 통해 과학자의 연구와 노력, 당대 사회에 대한 이해를 높인다.
	6	일기예보 글쓰기- 일기예보	(1) 각자 스크랩한 일주일 분량의 일기도를 분석한다. (2) TV나 라디오 등의 일기예보를 통해 일기예보와 관련된 용어들을 익히고 실제 일기예보를 작성한다.
	7	자기주장 글쓰기- 다이너마이트	(1) 다이너마이트를 통해 과학 발전이 우리의 삶에 미치는 긍정적인 영향과 부정적인 영향에 대해 생각한다. (2) 과학기술의 발달이 현대인의 생활에 미치는 여러 영향을 비교하여 각자의 생각을 글로 표현하도록 한다.
	8	신문 글쓰기- 우주여행	(1) 각 모둠이 태양계 행성을 각각 담당하고 학습자가 그 행성의 기자 역할을 한다. (2) 상상력과 창의력을 발휘해 각 행성에 사는 생물체의 입장에서 다양한 기사를 작성한다.

● **활동예시 2** ●

1. 학습목표
- 역사 속 '다이너마이트'의 발명을 돌아보며, 현대 과학기술사회
  의 방향과 과학자의 태도, 미래 사회를 바라보는 현대인의 자세
  를 생각한다.

2. 학습자료 제시
- 다이너마이트의 폭발력을 보여 주는 사진과 영상 자료를 제시한다.
- 다이너마이트가 가지는 긍정적인 기능과 부정적인 기능을 제시한다.
- 참고 자료로 다이너마이트 발명가 노벨에 대한 설명글을 제시한다.

3. 생각하고 글쓰기
- 다이너마이트와 관련된 주제를 통해 과학의 발전이 우리의 삶
  에 미치는 긍정적인 영향과 부정적인 영향에 대해 생각하는 시
  간을 가진다. 교사는 과학기술의 발전을 통해 한층 편리해진 현
  대인의 생활과 원자폭탄이 투하된 후의 히로시마의 참상을 비
  교하여 제시하고 학생이 자신의 생각을 정리하여 글쓰기를 하
  도록 한다.

4. 생각하고 토론하기
- 자신이 쓴 글을 발표하고 다른 친구들과 생각을 공유한다.

(4) 과학마술을 이용한 과학교육 프로그램

프로그램 명칭			재미있는 과학마술
특징 및 목적			▶ 학습자가 이해할 수 있는 수준의 과학적 내용을 마술과 접목시켜 자기주도적 실험을 할 수 있도록 한다. ▶ 과학적 호기심과 흥미를 신장시키고, 리더십 함양, 모둠 활동을 통한 협동심 배양과 과학적 원리를 습득한다.
내용	1	상승기류	(1) 손바닥 위에 둥글게 만 습자지를 태우면 상승기류가 발생하여 손에 열이 가해지기 전에 불기둥이 날아간다.
	2	굴절	(1) 원형 페트병에 담긴 물로 인한 빛의 굴절을 이용하여 병 속에 동전 넣기. (2) 렌티큘러 렌즈를 이용하여 볼펜의 일부를 사라지게 하기.
	3	밀도	(1) 여러 물체의 밀도를 이용해 공중에 호일로 만든 배 띄우기.
	4	탈수작용	(1) 레몬즙과 염화코발트용액의 성질을 이용하여 보이지 않는 편지를 쓰고 내용을 확인하기.
	5	환원반응	(1) 녹말용액에 요오드를 넣어 청남색 용액을 만들고 녹차티백을 이용하여 투명한 녹말용액으로 다시 만들기. (2) 비타민 C 용액과 요오드 용액을 이용하여 비밀편지 쓰고 확인하기.
	6	전반사	(1) 전반사의 원리를 이용하여 OHP와 종이에 그린 그림의 각도에 따른 변화 보기.
	7	압력과 끓는점	(1) 끓인 물을 밀폐시켜 얼음을 갖다 대어 물 끓이기.
	8	감열지의 원리	(1) 감열지와 에탄올을 이용하여 영수증의 글씨를 없애기.

● 활동예시 3 ●

1. 내용: 감열지의 원리

2. 준비물: 감열지를 이용한 영수증, 비커, 에탄올, 알코올램프

3. 방법
- 영수증의 내용이 있는 앞면을 알코올램프를 이용하여 가열한다.

- 검게 탄 부분과 글씨가 있는 영수증을 확인한다.
- 비커에 에탄올을 준비한다.
- 에탄올이 들어 있는 비커에 영수증을 넣어 놓는다.
- 시간이 흐른 뒤 영수증을 꺼내면 하얀 영수증을 확인할 수 있다.

4. 원리

이 활동에서 사용한 감열지는 백화점 등에서 사용하는 영수증이다. 예전의 팩스 용지나 은행에서 사용하는 명세표, 번호표 등이 감열지이다. 감열지는 열을 받으면 검게 변한다. 그러나 뒷면은 멀쩡하다. 감열지는 열을 받으면 모양이 나타나는 종이로 열을 받으면서 잉크가 발색하도록 된 구조이다. 발색하는 잉크를 녹여내는 것이 에탄올이다. 에탄올을 이용하면 영수증의 원래 글씨가 있던 부분과 일부러 태웠던 검은 부분 모두 하얗게 변한다.

5. 유의점

에탄올에 충분히 담가 두지 않으면 다시 불에 그슬렸을 때 글씨 부분이 하얗게 보이는 경우가 생긴다. 잉크가 에탄올에 더 잘 녹기 때문에 그슬린 부분보다 잉크가 먼저 녹아 나와서 잉크로 썼던 글씨가 오히려 하얗게 보이는 경우도 생긴다.

6. 평가계획

세부적인 프로그램의 평가는 자기평가와 동료평가로 이루어진다. 활동 마무리에서 활동과 관련된 소감을 적어내는 활동지를 배부한다. 실험을 하고 난 뒤의 소감이라든지, 실험을 통해 새롭게 알게 된 점을 적어 내도록 한다. 상호 동료평가는 각 모둠에서 맡은 역할을 잘 했는지에 대해서 간단하게 체크할 수 있도록 한다. 교사는 수업의 중간에 체크리스트법을 이용해 학습자의 참여도 등을 평가한다.

(5) 과학탐구력 함양을 위한 과학교육 프로그램

프로그램 명칭		우리는 명탐정	
특징 및 목적		▶ 학생들이 어려워하는 개념을 바탕으로 과학클럽활동의 교육목표에 부합하고 학생의 흥미를 유발해 능동적으로 참여할 수 있도록 구성	
내용	1	로빈슨 크루소는 어떻게 살아남았을까?	(1) 문제상황을 설정하고 이를 해결할 수 있는 방법을 찾도록 하고 소설로 정리한다.
	2	달걀에 감추어진 힘의 비밀	(1) 달걀이 안전하게 떨어지는 원리를 실험을 통해 설명할 수 있다.
	3	공룡의 흔적을 찾아라.	(1) 세계 3대 공룡알 화석지인 시화호 일대를 답사하며 백악기에 살았던 공룡의 흔적에 대해 알 수 있다. (2) 염생식물에 대해 알 수 있다.
	4	숨어 있는 마법사	(1) 발효와 부패에 대해 구분할 수 있다. (2) 효모와 젖산균이 인간의 생활에 이용되는 예를 설명할 수 있다.
	5	기상캐스터-우리 동네 기상예보	(1) 일기예보가 이루어지는 과정을 기술할 수 있다. (2) 고기압과 저기압에서의 날씨를 대기의 움직임과 관련지어 예측할 수 있다.
	6	해양연구소를 찾아서	(1) 바다의 중요성을 알고 환경보호의 중요성을 인식한다. (2) 연구자들의 연구과정을 견학하면서 장래 희망에 대해 생각하는 기회를 갖는다.
	7	지구의 향기 만들기	(1) 증발과 응결을 설명할 수 있다. (2) 허브향수 만들기 실험에서 얼음의 역할을 추론할 수 있다.
	8	자연사박물관 견학	(1) 자연환경에 대한 교육을 통해 자연에 대한 이해와 관심을 높일 수 있다.

(6) 진로탐색을 위한 과학프로그램

프로그램 명칭		과학과 직업
특징 및 목적		▶ 탐구활동을 통하여 과학적 탐구심과 사고력을 기른다. ▶ 과학 관련 직업의 의미 및 종류를 알고 다양한 과학직업세계 전반에 대한 특성을 이해함으로써 직업의 선택과 준비를 위한 능력을 함양한다.
내용	1 모둠 구성 및 활동계획 수립	(1) 과학반에 대한 개요를 설명하고 모둠을 구성한다. (2) 연간 활동 계획을 수립하고 전반적인 내용을 소개한다.
	2 환경 관련 직업	(1) 산소량 측정과 염분검사 등을 통해 수질검사원의 역할을 경험한다.
	3 국립과학수사대	(1) 지문을 채취하기 위한 루미놀반응에 대해 알아보고 지문의 종류에 대해 조사한다.
	4 기상연구원	(1) 기상청을 견학하면서 기상연구원의 활동에 대해 알아본다.
	5 변리사	(1) 모둠별 발명품 혹은 발명 아이디어 토의를 통해 기술 설명서를 작성해 본다. (2) 변리사 역할놀이를 통해 변리사가 하는 일에 대해 알아본다.
	6 과학칼럼기자	(1) 과학기사의 필요성을 알고 과학기자의 요건에 대해 알아본다. (2) 주제를 선정해 과학 기사를 직접 작성해 본다.
	7 우주 관련 직업	(1) 엔진의 연소와 로켓의 원리에 대해 이해한다. (2) 추진장치에 대한 실험을 실시하고 실험 결과를 토론한다.

(7) 일상생활 속 과학에 관한 프로그램

프로그램 명칭		과학을 느껴 보자
특징 및 목적		▶ 일상생활에서 접하는 친숙한 소재로부터 과학의 원리를 학습한다. ▶ 오감을 이용한 다양한 활동을 통해 과학에 대한 흥미와 호기심을 향상시킨다.
내용	1 수제화장품 및 향초 만들기	(1) 간단한 수제화장품인 홍차화장수와 립밤, 아로마 향초를 만들어 보는 활동을 수행하면서 이 과정에 숨겨진 과학적 원리를 습득하고 흥미를 제고할 수 있다.
	2 오색달걀분수 만들기	(1) 달걀과 식초를 이용해 왕달걀을 직접 만들고 이를 식용색소에 담가 바늘로 찔러 오색분수를 직접 볼 수 있게 한다. (2) 반투막과 삼투압이라는 추상적인 과학개념의 시각화를 시도해 과학원리에 친근하게 접근할 수 있다.

내용			
	3	티셔츠 염색 및 과일로 음악 듣기	(1) 천연염색을 직접 해 봄으로써 우리 생활에 이용되고 있는 천연염색제로서의 식물에 대해 인식한다. (2) 금속의 이온경향성과 ☆전해질에 대한 개념을 과일과 멜로디아씨를 이용하여 청각화해 학생들의 흥미와 과학적 이해를 돕는다.
	4	아이스크림튀김	(1) 차가운 음식인 아이스크림과 튀김이라는 소재를 이용해서 미각을 충족시키며 학생들의 흥미를 유발하고 열의 이동에 대한 이해를 촉진한다.
	5	우유로 액세서리 만들기	(1) 우유에 들어 있는 단백질의 변성을 활용해 실생활에 쓸 수 있는 다양한 물품들을 만들어 본다. (2) 여러 가지 감각을 동반한 활동을 직적 체험하여 과학에 대한 흥미와 호기심을 느끼도록 한다.
	6	생리주기 팔찌 만들기	(1) 여학생들이 자신의 생리주기에 대한 이해를 높이기 위해 생리주기 팔찌를 만들어 보고 과학적 원리를 배운다.
	7	DNA 핸드폰 줄 만들기	(1) DNA의 실제 모형이 아닌 간단한 준비물을 통해 핸드폰 줄을 만들고 DNA의 구성 성분과 비교해 본다. 이 과정에서 DNA의 구조를 이해할 수 있다.
	8	과학축전 견학	(1) 과학에 대한 흥미를 제고시키는 기회로 과학축전을 견학하고 자신의 진로에 대해 생각해 보는 시간을 갖도록 한다.

● 활동예시 4 ●

1. 활동 구성 및 전개

- 각 6명의 소집단을 구성하고 소집단 내에서 학생 간 상호작용이 잘 일어날 수 있도록 한다.
- 교사는 학생들이 흥미 위주의 활동으로만 그치지 않고 활동을 통해 과학학습이 이루어지도록 지도하며 활동지를 통해 자신의 학습상황을 확인하고 점검토록 한다.
- 실생활에서 흔히 접할 수 있는 식품인 우유의 카세인 단백질을 확인한다. 단백질이 열, 산에 의해 변성될 수 있음을 확인한다.

단백질의 변성 실례를 실생활에서 찾아본다.

2. 활동의 주요 개념
- 단백질의 변성

3. 실험의 원리
- 우유에는 단백질 성분이 많이 포함되어 있는데 단백질의 변성을 이용하여 우유 속에 카세인 단백질의 고체를 얻는다. 처음에 얻어진 단백질은 축축하고 결합이 단단하지 않지만 마르면서 더 단단해진다.

(8) 영화를 활용한 과학교육 프로그램

프로그램 명칭		영화와 과학
특징 및 목적		▶ 영화를 소재로 하여 과학의 원리를 이해하고 영화 속 실험을 직접 해봄으로써 과학에 대한 흥미와 호기심을 향상시킨다. ▶ 생활 속 윤리적 문제를 가상적으로 접해 보고 의사 결정력을 기른다.
내용	1 영화 속 과학 개념 찾기	(1) 영화 <아일랜드>를 통해 체세포 복제 과정에 대해 설명하고 생명 복제에 대한 토의를 진행한다. (2) 영화 <투모로우>에서 지구 온난화의 과정과 원인에 대해 설명한다.
	2 영화 속 옥의 티를 찾아라	(1) 몇 가지 영화를 보면서 학생들 스스로 영화 속 오개념을 찾아보도록 한다. (2) 지적된 오류를 교사는 명확하게 정리하고 필요에 따라 구체적인 단원과 연결하여 설명한다.
	3 영화 속 실험 따라잡기 -기름으로 비누를	(1) 영화 <파이트 클럽>에 나오는 비누 제조 과정을 실험을 통해 체험해 본다.
	4 영화 속 실험 따라잡기-나도 수사관	(1) 수사 영화에서 용의자의 문서 조작을 증명하는 방법으로 제시되었던 크로마토그래피를 직접 실험해 보고, 그 속에서 원리와 방법을 이해한다.

내용	5	Designer baby	(1) 맞춤아기에 대해 다룬 영화 <Designer baby>를 통해 유전자 조작 기술에 대한 논의를 전개한다. (2) 인간게놈프로젝트의 완성이 가져올 미래 사회에 대해 토의해 본다.
	6	동물 임상 실험	(1) <닥터 모로의 DNA> 영화를 통해 동물 임상 실험의 정의, 실태 등에 대한 자료를 소개한다. (2) 모둠 활동을 통해 역할극을 전개하고 동물 임상 실험에 대한 각자의 입장을 정리해 본다.
	7	누군가 당신을 지켜보고 있다	(1) 영화 <트루먼쇼>를 소개하고 과학기술의 발달과 사생활 침해의 문제에 대해 토의한다. (2) 일상생활에서 접하게 되는 CCTV에 대한 각자의 생각을 발표한다.
	8	영화 속 직업 탐방	(1) 영화 <콘텍트>를 통해 천문학자 등 영화 속에 나오는 과학 분야 직업에 대한 이해를 도모하고 과학 관련 진로 탐색의 기회를 제공한다.

(9) STS 과학교육 프로그램

프로그램 명칭			삶과 과학
특징 및 목적			▶ 재미있는 활동과 수업 진행을 통해 학생 스스로의 자발적 참여를 유도한다. ▶ 교과학습과 일상생활에서 발견될 수 있는 내용을 연관시켜 다룬다.
내용	1	타임머신, 시간여행이 가능할까?	(1) 영화 <타임머신>을 감상하고 시간여행에 관한 여러 가지 문제를 토론한다.
	2	맛있는 과학, FOOD SCIENCE	(1) 녹색채소의 색을 보존할 수 있는 실험을 직접 해보고 식물 색소에 대해 이해한다. (2) 사과의 갈변 현상과 그를 막기 위한 방법을 생각해 본다.
	3	DNA와 유전공학 알아보기 1	(1) 이중나선 구조 모형을 만들어보고 돌연변이와 게놈 프로젝트에 대해 알아본다. (2) 유전자조작의 원리를 이해하고 유전자조작에 대한 역할극을 직접 실시한다.
	4	DNA와 유전공학 알아보기 2	(1) 유전공학에 대한 정보를 접할 수 있는 장소(예: LG 사이언스홀 등)를 탐방해 유전공학에 대한 다양한 자료들을 알아본다.
	5	'핵'의 두 얼굴	(1) 핵폭탄의 원리를 이해하고 핵폭탄 관련 동영상을 시청한다. (2) 핵이 우리 사회에 미치는 영향에 대해 다각적으로 검토해 본다.

내용	6	지구 온난화	(1) 환경문제를 다룬 영상물(예: 불편한 진실 등)을 시청하고 그에 대해 토론한다. (2) 실험실에서 토네이도를 만들어 보는 활동을 직접 해 본다.
	7	북극곰을 살려 보자	(1) 지구 온난화를 해결하기 위한 방안에 대해 조사하고 <투모로우> 영화 감상 후 토론한다.

2) 지역 자원을 활용한 체험 과학교육 프로그램(강경희, 2009)

분석 항목		제주의 물	풍력의 메카	밀려드는 해파리	람사르 습지	화석을 찾아
목표와 목적		1. 수자원의 중요성을 안다. 2. 제주 수자원이 갖는 특성을 이해한다.	1. 대체에너지의 필요성을 인식한다. 2. 대기오염의 심각성을 알고 그 해결책을 생각해 본다.	1. 지구 온난화의 심각성을 안다. 2. 지구 온난화가 생태계에 미치는 영향에 대해 생각해 본다.	1. 습지의 중요성을 안다. 2. 생태계의 특성과 우리 생활과의 관계를 이해한다.	1. 자신이 사는 지역의 환경에 대해 이해한다. 2. 인간은 자연의 일부임을 인식한다.
학습 내용	내용	1. 제주의 지형적 특성과 수자원의 관계 2. 물과 우리 생활과의 관련성	1. 제주지역 풍력 발전의 장단점 2. 대기오염과 대체에너지와의 관계	1. 지구 온난화의 원인과 해결책 2. 지구 온난화와 제주 지역 생태계와의 관계	1. 제주지역 습지 생태계의 의의 2. 생태계와 우리 생활과의 관계	1. 생태계 구성 요소 간의 관계 2. 제주의 독특한 환경과 문화와의 관련성
	학습원	삼다수 공장	행원 풍력단지	이호 테우 해변	물영아리 습지	제주 올레
교수 학습 방법		현장 학습, 만들기, 강의 및 토의	현장 학습, 만들기, 강의 및 토의	현장 학습, 퀴즈, 협동학습 및 토의	현장 학습, 놀이과학, 만들기	현장 학습, 만들기
환경 부하		현장견학 프로그램이 운영되고 있는 학습원으로 환경 부하 매우 낮	현장견학 프로그램이 운영되는 학습원으로 환경 부하 매우 낮음	제주시 인근 해수욕장으로 재래식 어업인 '원담' 체험 가능. 환경 부하 낮음 (단 여름 성수기에는 활용 부적합)	환경 부하 중. 탐방로 이외 지역 접근 금지 등 사전 교육 필요	환경 부하 낮음. 제주 올레를 걷는 동안 주변 생물 보호하기 등 행동 수칙 제시 필요

피드백	견학 보고서 제출. 수질오염을 줄이기 위한 실천 행동 목록 만들기	견학 보고서 제출. 대체에너지에 대한 조별 조사활동	지구 온난화에 관한 영화 등 다양한 매체 조사	습지 체험에 대한 감상문 제출	제주의 자연 환경적 특성이 반영된 속담이나 생활 기구 등 조사

3) 과학사를 활용한 교육 프로그램(강경희, 2005)

차시	수업 내용	과학사 자료
1	현미경의 구조와 사용법	렌즈로 들여다보는 세상 이건 무얼까?
2	세포 발견과 세포의 특성	천 리 길도 한 걸음부터
3	동물·식물세포설	벽이 있으면 모양이 달라진다. 세포설이란?
4	영양소의 종류와 기능	닭에게 무엇을 먹일까?
5	비타민과 무기염류	귤을 실으면 항해 준비 끝 유럽에 옮겨 심은 옥수수
6	소화기관의 구조와 기능	매가 뱉은 먹이, 그 속에 답이 있다. 당뇨병에 걸린 개
7	소화 효소	구멍 난 위
8	혈액의 조성	나는야, 우리 몸 수비대
9	심장의 구조와 기능	혈액이 지나가는 구멍이 있다? 비밀의 열쇠는 바로 해부학
10	혈액순환	혈액은 흘러간다? 혈액은 돈다!
11	혈관의 구조와 기능	굵고 가는 여러 갈래 길
12	호흡기관의 구조와 기능	바쁘다, 바빠. 산소를 운반하라!
13	호흡과 에너지	내 몸의 에너지는 어떻게 만들까?
14	노폐물 생성과 오줌의 성분	오줌은 물보다 진하다?

4) 다문화 과학교육 프로그램

[중학교 다문화 과학교육 프로그램]

〈2009 개정 교육과정 5~6학년군 '생명과 지구' 영역〉

(7) 태양계와 별
이 영역은 태양과 행성, 별과 별자리를 다룬다. 태양계와 별은 예전부터 인류가 의미를 두어 오랫동안 관찰하며 기록해 왔으며, 앞으로도 관심을 가지고 연구해야 할 대상이다.
이 영역에서는 태양계의 특징을 알고 행성들의 상대적 크기와 거리를 비교하게 한다. 별이 무엇인지 알고 **별들을 연결하여 별자리가 됨을 이해하고, 북쪽 하늘의 별자리와 북극성을 찾는 활동을 하게 한다.** 이런 활동을 통해 인류가 우주를 탐사하는 이유를 생각해 보고, 우주에 대한 호기심과 탐구심을 갖도록 한다.
이 영역은 중학교 1~3학년군의 '태양계', '외권과 우주개발'과 연계된다.

[학습 내용 성취기준]
(가) 태양계를 구성하는 행성을 조사하고, 태양이 지구의 에너지원임을 안다.
(나) 행성의 상대적 크기와 거리를 비교한다.
(다) **별이 무엇인지 알아보고, 별들의 연결인 별자리를 이해한다.**
(라) 북두칠성과 카시오페이아자리를 이용하여 북극성을 찾을 수 있다.
(마) 인류가 우주를 탐사하는 이유를 안다.

[탐구활동]
(가) 태양계 행성들의 상대적 크기와 거리 비교하기
(나) 밤하늘에서 금성이나 목성, 토성과 같은 밝은 행성 찾아보기
(다) **북두칠성과 카시오페이아자리를 이용하여 북극성 찾아보기**
(라) 상상의 우주 탐사 계획 세워 보기

◆ 학습주제: 계절별 별자리 알아보기

◎ 학습목표

1. 계절에 따른 별자리 변화를 설명할 수 있다.

2. 북반구와 남반구의 별자리에 대해 차이를 설명할 수 있다.

3. 조사한 자료에 대한 생각을 나누는 과정에서 배려하고 협동하는 자세를 기른다.

◎ 교수-학습활동

1. 밤하늘에서 별자리를 본 적이 있는지 질문하면서 학생들의 다양한 경험을 말하도록 한다.

2. 계절마다 관측할 수 있는 별자리가 다르다는 것을 설명한다. 또한 계절에 따라 보이는 별자리가 달라지는 이유에 대해 질문한다. 학생들의 다양한 답변을 이끌어 내도록 한다.

학생들의 의견을 충분히 발표토록 한 후 계절별 별자리가 달라지는 이유와 별자리의 유래에 대해 설명한다.

우리나라의 계절별 대표 별자리

계절	봄	여름	가을	겨울
대표 별자리	처녀자리, 목동자리, 사자자리	백조자리, 독수리자리, 거문고자리, 헤르쿨레스자리	페가수스자리, 안드로메다자리, 물고기자리	오리온자리, 큰개자리, 작은개자리
특징	대삼각형: 목동자리의 아르크투루스, 처녀자리의 스피카, 사자자리의 데네볼라	대삼각형: 백조자리의 데네브, 독수리자리의 알타이르, 거문고자리의 베가	페가수스자리의 사각형 모양	대삼각형: 오리온자리의 베텔게우스, 큰개자리의 시리우스, 작은개자리의 프로키온

3. 북반구의 별자리와 남반구의 별자리에 대해 설명한다.

- 1930년 국제천문연맹(International Astronomical Union, IAU)이 88개의 별자리 목록을 확정
- 현재 북반구에서 관측되는 별자리가 28개, 남반구에서는 48개로 제시되어 있다.
- 다양한 읽기 자료를 제시해 읽어 보도록 하거나, 별자리에 관한 조사를 실시토록 한다.

 읽기자료 1

*** 별자리의 기원**

별자리가 처음부터 현재 널리 알려져 있는 별자리로 정해져 있었던 것은 아니다. 각 나라나 지역마다 다르게 사용되고 있었던 것이 하나로 통합하면서 오늘날 별자리가 생긴 것이다.

오늘날 별자리의 기원은 서구 별자리로, 기원전 수천 년경 바빌로니아 지역에 살던 셈족계 유목민인 칼데아인들로부터 시작되었다. 그들은 가축을 키우고, 푸른 초목을 따라 이동하는 생활을 하면서, 밤하늘을 자주 쳐다보게 되었고, 밝은 별들을 연결시켜 동물에 비유하면서부터 별자리가 만들어지기 시작했다. B.C. 3000년경에 만든 이 지역의 표석에는 양 · 황소 · 쌍둥이 · 게 · 사자 · 처녀 · 천칭 · 전갈 · 궁수 · 염소 · 물병 · 물고기자리 등 태양과 행성이 지나는 길목인 황도를 따라 배치된 12개의 별자리, 즉 황도 12궁을 포함한 20여 개의 별자리가 기록되어 있다.

또한 고대 이집트에서도 B.C. 2000년경에 지중해 무역을 하던 페니키아인들에 의해 바빌로니아와 이집트의 천문학이 그리스로 전해져서 별자리 이름에 그리스신화 속의 신과 영웅, 동물들의 이름이 추가되었다. 케페우스 · 카시오페이아 · 안드로메다 · 페르세우스 · 큰곰 · 작은곰 등 별자리가 그러한 것들이다. 그 후 A.D. 150년경 그리스 천문학자 프톨레마이오스가 그리스천문학을 집대성한 『알마게스트』란 책에는 북반구 별자리

를 중심으로 한 48개의 별자리가 실려 있다. 그 분포를 보면 황도상에 있는 별자리가 12개, 황도 북쪽에 있는 별자리가 21개, 황도 남쪽에 있는 별자리가 15개 등으로, 이 별자리들은 15세기까지 유럽에 널리 알려졌다.

15세기 이후에는 항해기술이 발달함에 따라 남반구의 별들도 다수가 관찰되어 새로운 별자리들이 첨가되기 시작하였다. 대항해시대 이후 서양인들이 남반구에 진출하면서 항해사들은 남쪽 하늘의 새로운 별자리들을 발견하여 기록하였고, 1603년 독일의 바이어(Johann Bayer)는 16세기경 네덜란드 항해사 데오루스의 기록에 의거하여 그의 책 『우라노메트리아』에서 카멜레온, 극락조, 황새치 등 12개의 별자리를 적어 놓았다. 또 근대 천문학의 태동과 함께 망원경이 발달함에 따라 어두운 별들을 관측할 수 있게 되어 밝은 별자리 사이를 메우기 위해 작은 별자리들을 신설하게 되었는데, 그 예로 17세기 말에 헤벨리우스(Johannes Hevelius)에 의해 만들어진 작은 여우, 작은 사자, 방패 등이 있다.

20세기 초에 이르러, 별자리 이름은 지역에 따라 다르게 사용되고, 그 경계도 달라서 자주 혼란이 생기고 불편한 일이 많이 발생하였다. 때마침 1922년 국제천문연맹 제1회 총회에서 별자리의 계통 정리 제안이 거론되었고, 1928년 총회에서 하늘 천체에서 황도를 따라서 12개, 북반구 하늘에 28개, 남반구 하늘에 48개로 총 88개 별자리를 확정지었다. 또 지금까지 알려진 별자리의 중요별이 바뀌지 않는 범위에서 천구상의 적경과 적위에 나란한 선으로 별자리의 경계를 정하였다. 또 라틴어 소유격으로 된 별자리의 학명을 정하고, 3문자로 된 별자리의 약부호를 정하였다. 이것이 현재 쓰이고 있는 별자리이다.

이 88개의 별자리 중 우리나라에서 볼 수 있는 별자리는 큰곰자리 등 67개이고, 일부만이 보이는 별자리가 용골자리 등 12개, 완전히 보이지 않는 별자리는 물뱀자리 등 9개이다. 또 별자리는 아니나 별자리의 일부로서 별자리와 구분되어 부르는 별의 집단을 성군이라고 부르게 되었다. 이렇게 변해 온 별자리는 예부터 여행자와 항해자의 길잡이가 되어 왔고, 오늘날에는 천문학자들에게 밤하늘의 지도로 이용되고 있다.

출처: 한국천문연구원(http://astro.kasi.re.kr)

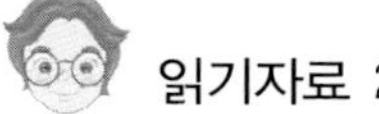

* 북반구 별자리들

1) 큰곰자리

많은 별들 중에서 가장 친숙한 별이 바로 북두칠성이다. 북두칠성은 거의 매일 밤 북쪽 하늘에서 그 모습을 찾을 수 있다. 그리고 어두운 별들이 많은 북쪽 하늘에서 밝은 별들로 특별한 모양을 이루고 있어서 관측자가 쉽게 구별할 수 있다. 북두칠성은 큰곰자리를 이루는 별자리의 일부분이다.

2) 작은곰자리

큰곰자리보다 더 북쪽하늘에 작은곰자리라고 불리는 작은 국자 모양의 별자리가 있다. 이 별자리는 뚜렷하게 밝은 별을 가지고 있지도 않고 크기도 별로 크지 않지만 다른 어떤 밝고 큰 별자리들보다도 유명하다. 바로 밤하늘 많은 별들의 일주운동에 있어서 중심이 되는 북극성(Polaris)이 작은곰자리에 있기 때문이다. 북극성을 포함한 작은곰자리는 일 년 내내 밤하늘에서 볼 수 있는 북쪽 하늘의 대표적인 별자리이다.

3) 카시오페이아자리

가을이 되면 하늘에는 북두칠성이 지평선 가까이 내려가 보기가 어렵다. 이쯤에 북쪽 하늘을 보면 영어의 'W' 자 모양을 한 카시오페이아가 높이 떠 있는 것을 발견할 수 있다. 카시오페이아자리는 7월의 밤하늘에 이미 보이기 시작하여 가을이 깊어질수록 더욱 높이 떠오른다. 카시오페이아자리는 북극성을 중심으로 북두칠성의 반대편에 있다.

출처: 이태형(1993). 『우리 별자리』

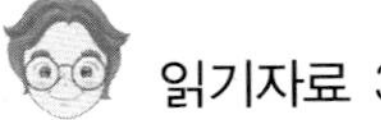

* 남반구 별자리들

1) 고물자리

고물자리는 겨울 남쪽 하늘 큰개자리의 남동쪽에 이어진 거대한 별자리로 프랑스 천문학자 라카유(1713~1762)가 만들었다. 그리스시대에는 아르고자리라고 하여 그리스신화의 아르고호를 본뜬 광대한 별자리가 있었다. 그러나 너무 넓은 하늘을 차지하기 때문에 고물자리, 용골자리, 나침반자리, 돛자리의 네 별자리로 분할되었다.

2) 공기펌프자리

공기펌프자리는 프랑스의 천문학자 라카유가 1751년에서 1753년까지 남아프리카의 희망봉에서 남반구 하늘을 관측하면서 만든 별자리이다. 원래 공기펌프자리인데 줄여서 펌프자리로 부른다. 이 별자리는 공기펌프를 개량한 영국의 물리학자 보일을 기념하여 만들었으며 라카유의 성도에 그가 개량한 공기펌프로 그려져 있다. 다른 설로는 프랑스의 물리학자 파팽의 공기펌프라고도 하는데 공기펌프를 처음으로 발명한 사람은 17세기 중엽에 독일 마그데부르크의 시장이었던 게리케였다.

3) 공작자리

공작자리는 남쪽 하늘의 작은 별자리로 1595~1597년 네덜란드의 항해가 피터 덕스존 케이저, 프레드릭 호트만이 만들었다. 그리스신화에서는 이 별자리를 괴물 아르고스의 눈으로 만든 공작새의 모습으로 보고 있다.

4) 나침반자리

나침반자리는 남반구의 작은 별자리이다. 북반구에서는 보기 힘들다. 비교적 어두운 별들로 구성되어 있어 사람의 눈에 잘 띄지 않는다. 18 세기에 프랑스의 천문학자 라카유가 아르고자리를 분할하면서 만든 4 개의 별자리 중 가장 작다. 이 별자리는 원래 아르고자리의 돛대에 해당된다.

5) 날치자리

날치자리는 1595~1597년 네덜란드의 항해가 피터 덕스존 케이저, 프레
드릭 호트만이 만들었다. 원래 이름은 나는 물고기이며 참새자리로도 부
른 적이 있다. 육안으로 보이는 별의 수는 46개다.

6) 남십자자리

남십자자리는 남반구 별자리 중 가장 유명하다. 이 별자리는 북반구에서
항해할 때 북극성을 기준으로 방향을 찾는 것처럼 남반구의 길잡이별로
방향을 찾는 기준으로 삼았다. 매우 작은 별자리이지만 매우 밝은 별을
포함하고 모양이 분명하기 때문에 쉽게 찾을 수 있는 별자리이다.

7) 남쪽삼각형자리

남쪽삼각형자리는 네덜란드의 항해가 피터 덕스존 케이저, 프레드릭 호
트만이 만들었다. 네덜란드의 지도제작가, 신학자 겸 천문학자인 페트러
스 플란키우스(1552~1622)는 1592년 네덜란드의 동인도 탐험에 나서는
케이저에게 남반구 하늘을 관측해 달라는 부탁을 하였다. 그는 다음 해
인도네시아 자바에서 사망하고 말았지만 그가 관측한 135개 별에 관한
자료는 무사히 플란키우스에게 전달된다. 그는 이 자료를 바탕으로 12개
의 별자리를 만들어 1598년 출판하였다.

8) 돛자리

돛자리는 프톨레마이오스의 별자리에 있던 아르고자리를 프랑스 천문학
자 라카유가 고물자리, 나침반자리, 용골자리와 돛자리처럼 4개의 별자
리로 분할하면서 만들어졌다. 돛자리는 원래의 아르고자리 동쪽 부분이
었으며 아르고호의 돛을 상징한다.

9) 두루미자리

두루미자리는 네덜란드의 항해가 피터 덕스존 케이저, 프레드릭 호트만
이 만들었다. 이 별자리 이름을 두루미자리로 명명한 이유는 알려지지
않았다. 별자리 모양이 목이 긴 두루미를 연상하게 하는데 단지 두루미
처럼 보이기 때문에 이런 이름을 붙인 것 같다. 그리스신화에서는 두루
미가 헤르메스의 새로 신의 뜻을 전달하는 임무를 수행하였다고 한다.

10) 봉황새자리

봉황새자리는 네덜란드의 항해가 피터 덕스존 케이저, 프레드릭 호트만이 만들었다. 16세기에 새로 만든 별자리이기 때문에 이 별자리에 관한 신화는 없다. 그러나 이 별자리의 학명은 고대 이집트의 신화 속 불사조에서 유래되었다.

11) 센타우루스자리

센타우루스자리는 6월 초순 저녁에 남쪽 지평선에서 상반신만 모습을 드러내는 별자리이다. 센타우루스는 그리스신화의 켄타우로스를 뜻하며 상반신은 인간이고 하반신은 말의 모습인 괴물이다.

12) 용골자리

용골자리는 프톨레마이오스의 별자리에 있던 아르고자리를 프랑스 천문학자 라카유가 고물자리, 나침반자리, 용골자리와 돛자리처럼 4개의 별자리로 분할하면서 만들어졌다. 용골자리는 원래 아르고자리의 가장 남부를 차지하는 큰 별자리이다. 이 별자리는 은하수 부근에 있어서 많은 성운과 성단을 관측할 수 있다.

13) 이리자리

이리자리는 원래 센타우루스자리의 일부라고 생각하여 고대에는 켄타우로스가 앞으로 내민 창에 걸린 여우 모습으로 상상하였으나 프톨레마이오스가 독립된 별자리로 분류하였다. 그리스나 로마신화에는 이 별자리에 관련된 동물에 대한 언급이 없다. 단지 켄타우로스의 제물로 생각되고 있다.

14) 제단자리

제단자리는 고대 그리스시대부터 알려져 있었다. 로마에서는 켄타우루스의 제단으로 불렀는데 센타우루스자리 앞에 있는 이리를 제물로 바칠 때 사용하는 것으로 상상했다. 그리스인들은 올림포스 신들이 타이탄족과 일전을 벌이기 전에 서로의 단결을 맹약하기 위해 만든 제단이라고 전해진다. 다른 설에는 타이탄족과 전쟁에서 승리한 것을 기념하여 만들었다고 한다.

고대 그리스의 선원들은 날씨를 예측하는 데 이 별자리를 이용했다. 제단자리가 구름에 가리지 않으면 남쪽에서 폭풍이 불 것으로 예상했다. 실제로 그리스에서는 제단자리의 고도가 가장 높을 때 수평선에서 약간 떠 있다.

15) 큰부리새자리

큰부리새자리는 1595~1597년 네덜란드의 항해가 피터 덕스존 케이저, 프레드릭 호트만이 만들었다. 큰부리새자리 외에 진귀한 새 이름으로 만든 별자리는 공작자리, 극락조자리가 있다. 큰부리새는 남아메리카에서 서식하는 열대새로 크고 아름다운 부리가 특징이다. 주로 나무열매, 곤충, 도마뱀을 먹는다.

이 별자리에서 소마젤란은하를 찾을 수 있다. 소마젤란은하는 맨눈으로도 볼 수 있다.

16) 팔분의자리

팔분의자리는 프랑스의 천문학자 라카유가 1751년에서 1753년까지 남아프리카의 희망봉에서 남반구 하늘을 관측하면서 만든 별자리이다. 이 별자리는 1730년 팔분의를 발명한 영국의 수학자 하들리를 기념하여 만들었다. 팔분의는 육분의를 개량한 것으로 항해나 천체관측을 할 때 천체의 고도를 측정하는 장비이다. 팔분의는 45°씩 측정하기 때문에 전체 원을 돌기 위해서는 8회 움직이기 때문에 팔분의라고 부르게 되었다.

17) 황새치자리

이 별자리의 라틴이름은 금붕어를 뜻하는데 희귀동물을 별자리 이름으로 사용한 관례로 볼 때 아시아에 서식하는 비단잉어를 지칭하는 것으로 추측된다. 또는 황새치로 보기도 하는데 우리나라에서는 황새치자리로 번역되었다.

황새치자리와 남쪽의 테이블산자리 사이에는 대마젤란은하가 있다. 이 은하는 우리 은하계의 바로 옆에 있는 은하로 불규칙은하이다.

출처: 이태형(1993). 『우리 별자리』

◈ 학습주제: 여러 나라의 속담에 담긴 과학원리

◎ 학습목표

1. 속담에 담긴 과학적 원리들을 이해한다.

2. 세계 각국의 속담에 담긴 과학원리를 비교한다.

3. 세계 각국 속담들의 유사점과 차이점을 비교한다.

◎ 교수-학습활동

1. 일상생활에서 접했던 속담의 예를 이야기해 보도록 한다.

2. 각 속담에 담긴 의미에 대한 자신의 생각을 발표하도록 한다.

3. 다른 나라의 속담에 대해 들은 적이 있는지 이야기해 보도록 한다.

4. 모둠 활동을 통해 동식물과 기후 등에 대한 여러 나라의 속담을
   조사해 보고 발표토록 한다.

 과학과 관련된 세계의 속담 참고 자료

1. 한국

● **머리카락이 헝클어지면 비 올 징조**
= 머리카락은 습기에 매우 민감하다. 습기에 따라 늘어나거나 줄어드는
  머리카락의 성질을 이용해 '모발습도계'를 만들기도 한다. 습도가 높
  아지면 수준을 흡수한 머리카락이 늘어나기 때문에 헝클어지거나 처
  지게 된다. 따라서 머리카락이 헝클어지면 습도가 높다는 의미이므로
  비가 올 수 있다는 뜻이다.

● **물독에 물방울이 맺히면 비가 온다**

= 공기 중의 수증기가 물방울이 되는 현상을 응결이라고 한다. 기온과 습도가 높을 때 항아리인 물독은 상대적으로 온도가 덜 오른다. 따라서 물방울은 물독 안과 밖의 온도차에 의해 응결된다. 따라서 물독에 물방울이 응결되면 기온과 습도가 높아지는 저기압의 영향권에 들었다는 것을 의미한다.

● **밤하늘이 맑으면 큰 서리 내린다**

= 서리란 대기 중의 수증기가 낮은 온도의 지표면에 열을 빼앗겨 승화하며 생기는 얼음을 의미한다. 따라서 하루 중 온도가 제일 낮은 새벽에 많이 생긴다. 밤하늘이 맑다는 것은 고기압의 중심부에 놓여 있다는 뜻이다, 고기압의 중심에 있으면 바람이 거의 없고 지표면의 온도는 새벽에 빠르게 떨어져 일교차가 매우 커진다. 따라서 서리가 만들어지는 조건이 형성되는 때가 많다.

● **봄볕에 며느리 내보내고, 가을볕에 딸 내보낸다**

= 어머니들이 며느리보다 딸을 더 아낀다는 의미를 담고 있는 속담이다. 봄볕은 가을볕보다 더 따갑다는 것을 경험한 어머니들이 봄에는 며느리에게 농사일을 시킨다는 의미를 나타낸다.
실제로 봄 일사량은 가을보다 1.5배 정도 많은 것으로 알려져 있다. 따라서 실제 봄볕이 가을보다 더 강하게 느껴지는 것이다.

● **새벽에 안개가 짙으면 날이 맑다**

= 새벽에 안개가 끼면 안개가 걷힌 후에는 맑은 날이 된다는 의미의 속담이다. 새벽안개는 주로 바람과 구름이 없는 날 새벽에 온도가 급격히 내려가는 조건에서 자주 발생한다. 따라서 햇빛이 비치면서 안개가 걷히면 구름이 없는 맑은 날씨가 되는 것이다.

● **제비집이 떨어지면 화재 위험이 있다**

= 제비집이 떨어진다는 것은 대기가 건조하다는 뜻이므로 화재 발생에 주의해야 한다는 의미의 속담이다.

제비집은 주로 진흙과 마른 풀, 작은 나뭇가지들로 만들어진다. 이때 대기가 매우 건조해져 진흙이 말라 버리면 둥지가 떨어지는 경우가 생긴다. 대기가 건조하면 화재가 발생할 수 있으므로 조심해야 한다는 뜻이다.

● **몸이 천 냥이면 눈이 구백 냥**
= 우리의 몸에서 눈이 매우 중요하다는 의미를 강조하는 속담이다.
실제로 인간은 시각, 후각, 미각, 청각, 촉각 등 오감을 통해 다양한 정보를 받아들이고 그에 대한 반응을 하게 된다. 그중 시각을 통한 정보가 가장 많은 것으로 알려져 있다. 그만큼 눈은 우리 몸에서 매우 중요한 기관이다.

● **간에 붙었다 쓸개에 붙었다 한다**
= 자기에게 조금이라도 이익이 되면 지조 없이 이편에 붙었다 저편에 붙었다 함을 비유적으로 표현한 속담이다.
간과 쓸개는 크기에 큰 차이가 있기는 하지만 위치상으로는 아주 가까이에 자리 잡고 있다. 흔히 놀라거나 무서운 일을 겪을 때 '간담이 서늘하다'라는 말을 쓰는데 '간담'이란 간과 쓸개를 한꺼번에 이르는 말로 두 장기의 위치가 매우 가깝다는 것을 표현하고 있다.

● **꽃샘추위에 설늙은이 얼어 죽는다고 한다**
= 이른 봄의 추위가 예상보다 훨씬 강하다는 의미의 속담이다.
우리나라는 봄에 한랭 건조한 시베리아 고기압이 일시적으로 성장함으로써 북서 계절풍이 불어와 기온이 내려가는 현상이 발생하는데 이를 '꽃샘추위'라고 한다.
이른 봄이 되면 겨울 동안 맹위를 떨치던 시베리아고기압이 후퇴하고, 시베리아기단에서 분리되어 나온 이동성고기압과 중국 대륙에서 발생한 온대성저기압이 3~4일 간격으로 교대로 통과한다. 고기압이 통과할 때는 날씨가 맑고 기온이 올라가고, 저기압이 통과할 때는 봄비가 내려 식물은 싹이 트고 꽃봉오리를 맺는다. 때로는 저기압이 지나간 뒤 한랭한 시베리아기단이 세력을 회복해 매서운 추위가 강타하게 되는데 , 이를 '이른 봄에 꽃이 피는 것을 샘내는 듯한 추위'라 하여 '꽃샘추위'라 한다.

2. 우즈베키스탄

● **강의 물은 봄에 늘어나고 사람의 가치는 노동에 의해 늘어난다**

= 열심히 노력해서 자신의 가치를 높이라는 뜻의 속담이다.

우즈베키스탄은 넓은 평원이 많아 예로부터 유목생활을 많이 해왔다. 그런데 북동쪽의 시드 강과 남서쪽의 아무 강 사이에 자리 잡은 투란 평원에서는 농사가 잘되어 농경생활을 하는 정착민이 많다.

이 지방은 봄과 겨울에 비가 많이 오는데 특히 3~5월에 집중된다. 실제로 비가 많이 오는 것은 3~5월이지만 위의 속담처럼 봄에 강의 물이 불어나는 것이 아니라 6~8월이 강의 수위가 가장 높다고 한다. 이는 천산산맥, 파미르 고원 등에 있는 빙하가 여름이 되면 녹으면서 강의 수위를

높이기 때문이다. '강의 물은 봄에 늘어난다'는 말속에 우즈베키스탄의 자연환경적 특성이 잘 드러나 있다.

3. 인도

● **밀은 농로 주변에서 잘되고, 쌀은 낮은 늪지대에서 잘된다**

= 어떠한 일을 할 때는 알맞은 곳, 적절한 자리가 있어야 한다는 뜻의 속담이다.

넓은 국토를 가진 인도는 지역마다 특징적인 기후를 나타낸다. 물이 풍부한 인도의 동남쪽은 주로 벼농사를 짓는 데 비해 물이 적은 서북쪽은 밀농사가 주를 이룬다. 농사는 기후와 매우 밀접한 관련이 있다. 따라서 기후와 농작물과의 관련성을 잘 드러내고 있는 속담이다.

● **음력 5월에 동쪽 바람이 불면 소를 팔고 젖소를 사라**

= 어떤 일을 처리할 때는 지혜롭게 행동하라는 의미의 속담이다.

음력 5월 중순이면 인도는 비가 많이 오는 우기에 접어든다. 물이 있는 논에서 자라는 벼는 우기가 되면 빠르게 성장한다. 따라서 우기가 시작되는 시기가 되면 더 이상 농사에 도움이 되는 소는 필요 없기 때문에 젖소를 사 우유를 얻도록 하라는 뜻이다.

4. 필리핀

● **대나무는 자랄 때 하늘을 보고 자라지만, 다 자라면 아래쪽으로 고개를 숙인다**
= 훌륭한 사람일수록 자신을 뽐내기보다는 고개를 숙여 겸손할 줄 안다는 뜻의 속담이다. 한국의 속담 중 '벼는 익을수록 고개를 숙인다'와 비슷한 의미이다.

필리핀에는 약 30여 종의 대나무가 서식하고 있는데, 이 대나무들은 일상생활의 여러 도구로 활용되고 있다. 특히 그중 '카와얀'이라는 대나무는 자라면서 난초처럼 휘어지는 특성을 지녔다. 주변에서 볼 수 있는 식물의 성장 특성에 비유해 겸손과 겸양이라는 의미를 표현하고 있다.

5. 중국

● **쓰촨 지방의 개가 해를 보고 짖는다**
= 아는 바가 적어서 일상적인 것들을 이상하게 생각한다는 의미의 속담이다.

우리나라 속담 중 '우물 안 개구리'와 비슷한 의미이다.

중국의 서남쪽인 쓰촨 지방은 연평균 강수량이 2,000mm가 넘을 정도로 물이 많은 지역이다. 따라서 아침에 안개가 끼는 일이 많아 해를 볼 수 있는 날이 그리 많지 않을 정도이다. 즉 해를 자주 보지 못했던 쓰촨 지방의 개가 해를 보면 이상히 여겨 짖는다는 뜻이다.

● **내일의 모든 꽃은 오늘의 씨앗에 근거한 것이다**
= 오늘을 게으르게 살지 말라는 의미의 속담이다. 하나의 씨앗으로부터 식물이 생장하고 꽃을 피우듯이 매일매일의 노력이 나중에는 결실을 맺게 된다는 뜻이다.

● **바람이 통하지 않는 벽은 없다**
= 어디서든 말조심을 해야 한다는 의미의 속담이다. '낮말은 새가 듣고 밤말은 쥐가 듣는다'는 한국의 속담과 유사한 의미이다.

이 두 속담은 모두 파동의 일종인 소리의 특징을 잘 보여 주는 것이다. 문이 닫혀 있는 방 안에서 나누는 대화가 밖에서도 들리는 이유는 파동의 특징인 회절 현상 때문이다. 즉 소리가 진행될 때 장애물이 있으면 매우 작은 틈으로 파동이 전달되어 장애물 뒤편까지 도달하게 된다.

'낮말은 새가 듣고 밤말은 쥐가 듣는다'는 속담은 소리의 굴절과 관련된다. 소리의 속력이 온도에 따라 달라지는데 땅의 온도가 높은 낮에는 하늘을 향하여 굴절되고 반대로 밤에는 땅을 향하여 굴절된다. 따라서 낮에는 소리가 높은 곳까지 올라가고 밤에는 주로 낮은 곳으로 퍼지게 된다.

6. 일본

● **메기가 날뛰면 지진이 일어난다, 꿩이 울면 지진이 일어난다, 아침에 꿩이 울면 맑고, 밤에 울면 지진의 징조이다**

= 일본은 환태평양 지진대에 속해 있어 지진이 자주 일어난다. 따라서 속담 중에서도 지진과 관련된 내용이 많다.

지진이 발생하기 전 동물들이 이를 먼저 감지하고 이상행동을 보인다는 주장이 있다. 예를 들어 동물원의 곰이 소리를 지르고, 뱀이 굴속으로 들어간다든지, 겨울에 뱀이 도로로 나와 얼어 죽는다든지, 까마귀가 비명 소리 같은 울음소리를 내며 떠난다든지 등 여러 동물의 이상행동을 지진의 전조 현상으로 보기도 한다. 그러나 이러한 주장에 대해 동물들의 이상행동이 일관적으로 일어나는 것은 아니기 때문에 이를 통해 지진을 예측하는 것은 불가능하다는 비판도 있다.

● **제비가 둥지를 짓지 않는 해는 화재가 있다**

= 대기가 건조할 때는 화재에 대비하라는 의미의 속담이다.

제비 둥지는 진흙과 마른 잎 또는 나뭇가지 등으로 만들기 때문에 둥지를 짓지 않는다는 것은 진흙이 말라 버려 제대로 둥지를 만들지 못함을 의미한다. 즉 대기가 매우 건조하다는 뜻이다. 한국에도 이와 비슷한 의미의 '제비집이 떨어지면 화재 위험이 있다'라는 속담이 있다.

7. 베트남

● **수박 심은 데 수박 얻고 콩을 심은 데 콩을 얻는다**
= 모든 일은 근본에 따라 거기에 걸맞은 결과가 나타남을 의미하는 속
  담이다. 한국의 속담 중 '콩 심은 데 콩 나고 팥 심은 데 팥 난다'와
  유사한 의미이다. 이 속담은 유전 현상과도 잘 들어맞는 내용이다.

● **벽에도 귀가 있다**
= 늘 말조심을 해야 한다는 의미의 속담이다. 나라마다 비유하는 대상
  은 다르지만 말조심에 대한 속담이 있다. 예를 들어 한국의 '낮말은
  새가 듣고 밤말은 쥐가 듣는다' 또는 중국의 '바람이 통하지 않는 벽
  은 없다' 등은 비슷한 뜻의 속담들이다.

8. 몽골

● **가축과 사람은 생명으로 연결되어 있고 모자와 머리는 치수로 연결되어
  있다**
= 유목생활을 주로 하는 몽골 사람들의 친환경적 자연관을 담고 있는
  속담이다. 가축이나 사람이나 모두 소중한 생명을 지닌 존재라는 의
  미이다.

● **까마귀가 오리를 따라 하다가 발이 얼어 버린다**
= 자기한테 맞지 않는 일을 하다 화를 당한다는 의미의 속담이다. 까마
  귀가 물에 사는 오리처럼 물에 산다면 얼어 버릴 것이라는 비유를 통
  해 자신의 상황과 처지에 맞게 행동해야 함을 강조한 내용이다.

출처: 유네스코 아시아태평양 국제이해교육원(2011).
『다문화 속담여행』

〈2009 개정 교육과정 중학교 1~3학년군 '물질과 에너지' 영역〉

(9) 빛과 파동
이 영역에서는 빛과 파동을 다룬다. 사람은 눈과 귀를 통하여 빛과 소리의 다양한 정보를 받아들이므로 빛과 파동에 대한 이해는 중요하다. 특히, 이 영역은 영상 기술, 미술, 음악 등 다른 교과와 밀접한 관계가 있다.
물체를 보는 원리를 알고, 빛의 삼원색과 색의 합성을 통하여 백색광의 구성을 알고, 여러 가지 색의 빛이 합성되는 원리를 학습하여 컴퓨터 모니터나 텔레비전 화면의 다양한 색깔 표현 방식을 이해하게 한다. 빛의 진행에 대한 이해를 바탕으로, 거울에 물체가 비치는 현상에 빛의 반사 법칙을 적용하고, 렌즈에 의해 상이 생기는 원리를 빛의 굴절 법칙을 적용하여 이해하게 한다. 또한 매질에 대한 이해를 바탕으로 파동의 발생과 전파 과정을 알고 파동의 여러 가지 물리적 특성을 이해하게 한다. 이를 바탕으로 소리가 들리는 과정과 여러 가지 악기가 내는 소리의 특성을 알게 한다.
이 영역은 3~4학년군의 '소리의 성질', 5~6학년군의 '렌즈의 이용'에서 학습한 소재, 현상적 경험과 연계된다.

[학습내용 성취기준]
(가) 물체를 보는 원리를 안다.
(나) 빛의 삼원색으로 다양한 빛을 합성할 수 있음을 알고, 이 원리가 영상장치에 활용되는 것을 안다.
(다) 여러 가지 거울과 렌즈를 통해 나타나는 상을 관찰하고, 평면거울과 볼록 렌즈에 의한 상의 생성 원리를 이해한다.
(라) 파동이 발생하는 과정과 파동의 종류를 안다.
(마) 파동의 진행에서 반사와 굴절 현상을 이해한다.
(바) 소리가 들리는 과정을 알고 파동의 진폭, 진동수, 파형으로부터 소리의 세기, 높낮이, 맵시를 안다.

◆ 주제: 우리는 어떻게 물체를 볼 수 있을까?

◎ 교수-학습활동

1. 5명씩 이질적 모둠을 구성한다.

2. 우리가 물체를 볼 수 있는 이유에 대해 생각해 보도록 한다.

3. 빛이 없다면 우리가 물체를 볼 수 있는지에 대해 생각해 보고 소
   집단에서 토론해 보도록 한다.

4. 탐구활동지에 있는 그림에 금붕어를 볼 수 있는 빛의 경로를 각
   자 그려 보게 한다.

5. 학생들 각자가 그린 경로와 다른 학생들의 그림을 비교해 보고
   서로 의견을 교환한다.

6. 물체를 보는 것에 대한 예전 사람들의 생각을 제시한다.
   (사람의 눈에서 빛이 나오고 그 빛이 물체에 닿아 다시 눈으로
   돌아온다는 등)

7. 물체를 볼 수 있는 이유에 대해 설명한다.

※ 물체를 보기 위한 조건들

(가) 광원이 있어야 한다(광원: 스스로 빛을 내는 물체).

　　광원의 예: 태양, 전등, 반딧불이 등

　　광원이 아닌 예: 책, 책상, 공 등

(나) 광원에서 나온 빛이 물체에 도달하여야 한다.

(다) 물체에 도달한 빛은 물체에 의해 반사되어야 한다.

(라) 반사된 빛이 사람의 눈에 들어온다.

8. 물체를 보기 위한 조건들을 이용해 토론 활동 실시
   - 광원과 물체의 반사 성질을 근거로 실제로 투명인간이 가능한지에 대해 모둠 구성원들 간에 의견을 나누도록 한다.
   - 충분한 토론 시간을 준 뒤 모둠별로 제시된 의견을 발표토록 한다.
   - 다른 모둠의 발표를 들으면서 자신들의 의견과 비교해 보도록 한다.
   - 발표가 끝난 후 투명인간과 관련한 과학원리를 설명한다.
9. 그림자가 생기는 이유에 대해 어떻게 생각하는지 질문한다.
   - 빛의 직진성에 의해 그림자가 생김을 설명한다.
   - 빛의 직진성에 의한 현상들(예: 바늘구멍 사진기의 상, 일식, 월식 등)을 설명한다.

◎ 지도상 유의점
- 모둠별 토론이 진행될 때 학생의 생각을 자유롭게 표현할 수 있는 분위기를 조성한다.
- 발표 시간을 충분히 주어 서로의 의견을 비교 검토할 수 있도록 한다.
- 과학원리를 활용해 주변 현상을 설명하는 자세를 강조한다.

◈ 학습주제: 거울에 비친 글자는 어떻게 보일까?

◎ 교수-학습활동

1. 모둠마다 거울과 여러 가지 물체를 준비하도록 한다.

2. 각 물체를 거울에 비추면 어떻게 보일지 질문한다.

3. 직접 여러 가지 물체를 거울에 비춰 보면서 그 모양을 관찰하도록 한다.

4. 앰뷸런스에 글자가 거꾸로 쓰여 있는 사진을 제시하고 그렇게 쓴 이유를 질문한다.

5. 거울을 이용한 여러 가지 마술을 보여 준다.
   (예: 동전이 안 보이는 저금통, 한 손으로 나비 만들기 등)

6. 반사의 법칙에 대해 설명한다.

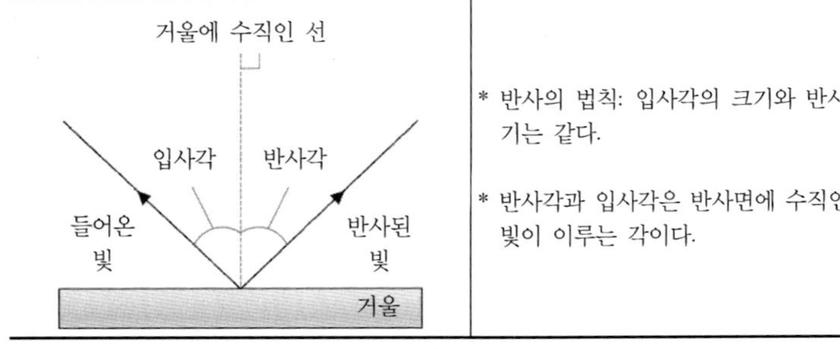

7. 알루미늄호일에 물체를 비출 때와 흰 종이에 물체를 비출 때 어떤 차이가 있는지 예상하게 한다.

8. 난반사와 정반사의 원리에 대해 설명한다.

 과학교육 프로그램 개발의 이론과 실제

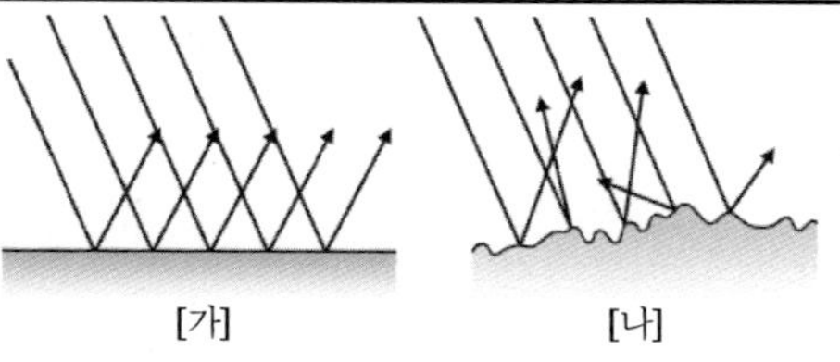

* 정반사: 매끄러운 면에서 일어나
  는 반사
* 난반사: 울퉁불퉁한 면에서 일어
  나는 반사

* 정반사와 난반사에서 반사의 법
  칙은 성립된다.

◎ 지도상 유의점

- 빛의 경로와 같이 빛이 반사되어 거울에 물체가 비치게 됨을 연
  관 지어 설명한다.

- 정반사와 난반사 현상에서 반사의 법칙이 성립됨을 제시한다.

 탐구활동지

* 병원 구급차에 '응급'이라는 글을 써 놓고 싶다. 구급차 앞에 가는 차
  의 백미러에서 봤을 때 글자가 제대로 보이려면 어떻게 써야 할까? 그
  리고 그 이유는 무엇인가?

* 거울 앞의 여러 위치에 '과학'이라고 쓰인 카드를 놓고, 거울에 어떻게
  비치는지 관찰해 보자.

◆ 학습주제: 젓가락이 구부러졌어요!

◎ 교수－학습활동

1. 컵에 담긴 빨대를 보면 윗면과 옆면에서 관찰하게 하고 어떻게
   보이는지 발표하도록 한다.

2. 굴절: 물속의 물체는 실제보다 얕은 곳에 있는 것으로 보인다.
이는 물속에 있는 물체로부터 온 빛이 물 밖으로 나오면서 꺾이
기 때문인데 이러한 현상을 **빛의 굴절**이라 한다.
3. 굴절에 관한 탐구활동을 진행한다.

 탐구활동지

* **준비물**: 카드 2장, 빨간색 셀로판지, 일반 비닐, 비커 2개, 물, 동전, 컵

① 2장의 카드 중 1장은 셀로판지로, 다른 1장은 일반 비닐로 싼다.

② 물이 담긴 2개의 비커에 카드를 넣은 뒤 카드의 모습을 관찰한다.

③ 관찰 결과를 기록하세요.
　(　　　　　　　　　　　　　　　　　　　　　　　　　　)
　 = 왜 이런 현상이 나타나는지 이유를 생각해 봅시다.

④ 컵에 동전을 넣은 후 관찰 결과를 쓰세요.
　(　　　　　　　　　　　　　　　　　　　　　　　　　　)

⑤ 동전이 들어 있는 컵에 물을 부으면서 어떤 변화가 생기는지 쓰세요.
　(　　　　　　　　　　　　　　　　　　　　　　　　　　)
　 = 왜 이런 현상이 나타나는지 이유를 생각해 봅시다.

4. 탐구활동에서의 결과를 모둠별로 정리해 발표하도록 한다.
5. 탐구활동의 결과와 관련해 '전반사'를 설명한다.

* 전반사: 빛이 물질의 경계면에서 모두 반사되어 되돌아 나오는 현상
* 전반사가 일어날 조건: 빛이 진행 속도가 느린 물질에서 진행 속

도가 빠른 물질로 진행할 때 입사각이 임계각보다 크면 전반사
가 일어난다.

* 임계각: 굴절각이 90도가 될 때의 입사각

 읽기자료

*** 물속의 사격수, 물총고기**

몸을 가로지르는 세로줄이 있다. 최대 30cm까지도 성장하지만 평균적으
로 20cm의 크기이다. 입안에 물을 모은 뒤 입속의 특수한 구조물을 이용
해서 물을 멀리까지 정확하게 뿜을 수 있는데 이 능력을 이용하여 물 밖
의 식물 위를 지나다니는 곤충을 쏘아 떨어뜨려 먹는다. 물총고기는 민
물과 바닷물 모두 살 수 있는데 보통 기수역 물표면 근처에 많이 서식한
다. 물총고기의 입안 구조는 물을 멀리 쏠 수 있는 특수한 구조로 되어
있다. 물표면 가까이서 마치 빨대로 물을 뿜어내듯 먹잇감을 향해 물을
쏘아 명중시켜 잡아먹는다. 주로 인도, 필리핀 등 동남아시아 지역 및 호
주의 민물에 분포한다.

*** 왜 물총고기는 벌레와 수직인 지점에서 연직상방으로 물을 쏠까요?**

출처: 눈이 즐거운 물리 www.phys.pe.kr 고기잡이 편

◎ 지도상 유의점

— 물체가 보이는 것은 물체로부터 나온 빛의 경로와 관계됨을 이
  해시킨다.

— 물체가 보이거나 보이지 않는 것은 빛의 작용 때문임을 이해시킨다.

— 셀로판지를 싼 카드가 안 보이는 이유를 전반사를 이용해 설명한다.

◆ 학습주제: 무지개는 어떻게 생길까?

◎ 교수-학습활동

1. 무지개를 보았던 경험에 대해 이야기를 나눈다.
2. 프리즘을 이용해 햇빛이 분산되는 모양을 보여 준다.
   - 분산: 백색광이 여러 가지 색의 빛으로 나누어지는 현상
3. 햇빛이 프리즘을 통과하면서 분산되어 스펙트럼을 나타내는 현
   상을 빛의 굴절을 이용해 설명한다.
   - 빛의 분산이 일어나는 이유: 빛의 색에 따라 굴절하는 정도
     가 다르기 때문
   - 색에 따른 굴절률: 빨간색 < 주황색 < 노란색 < 초록색 <
     파란색 < 남색 < 보라색
   - 프리즘에서의 빛의 분산: 빛이 프리즘을 통과할 때 2회 굴절
     하여 생김
4. 빛의 분산에 의해 생겨나는 현상인 무지개의 생성원리를 설명한다.
   - 무지개 생성 원리: 공기 중의 작은 여러 개의 물방울이 프리
     즘과 같은 역할을 하여 빛이 분산
   - 물방울에서 빛의 분산 과정: 굴절-반사-굴절

◆ 학습주제: 빛을 합치고 합치면?

◎ 교수-학습활동

1. 색팽이를 만들어 돌리면서 어떤 색깔이 보이는지 발표하도록 한다.
   - 빛의 합성: 여러 가시 색의 빛이 합해져서 다른 색의 빛으로

보이는 현상

- 빛의 3원색: 빨간색, 초록색, 파란색
- 빨간색 + 초록색 = 노란색, 빨간색 + 파란색 = 자홍색,
  초록색 + 파란색 = 청록색

2. 빛의 합성을 이용한 예를 설명한다.
   - 점묘화, 텔레비전, 컴퓨터 화면, 무대 조명 등

 탐구생활

*** 손전등을 이용한 빛의 합성**

(1) 빨간색, 파란색, 초록색 색깔의 셀로판지를 여러
    겹으로 접은 다음, 각각 고무 밴드로 손전등에 고
    정시켜 색깔이 다른 세 개의 손전등을 만든다.
(2) 손전등을 하나씩 손으로 가리면서 나타나는 색깔
    을 관찰한다.

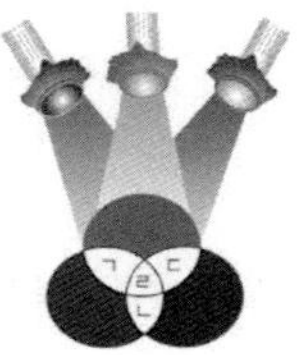

*** 색팽이를 이용한 빛의 합성**

(1) 두꺼운 종이를 지름 10cm의 원 모양으로 자른 후 같은 크기로 7등분한다.
(2) 원의 각 부분에 7가지 무지개 색을 칠한다.
(3) 원판의 중심에 연필을 반 정도 꽂고 연필의 윗부분을 돌려 빠르게 회
    전시키며 나타나는 색깔을 관찰한다.

◆ 학습주제: 물체의 색

◎ 교수-학습활동

1. 불투명한 물체의 색: 그 물체가 반사하는 빛의 색
    - 빨간색 꽃은 빨간색만을 반사
    - 초록색 잎은 초록색만을 반사
    - 노란색 바나나는 빨간색과 초록색만 반사
    - 검은색 종이는 반사되는 빛이 없음
    - 하얀색 옷은 모든 빛을 반사

2. 투명한 물체의 색: 그 물체가 통과시키는 빛의 색
    - 빨간색 셀로판지는 빨간색만 통과
    - 파란색 셀로판지는 파란색만 통과
    - 자홍색 셀로판지는 빨간색과 파란색만 통과

3. 광원의 색에 따른 물체의 색: 물체의 색은 물체를 비추는 빛의
   색에 따라 달라짐

 탐구활동지

* 다음 물음에 대해 생각해 보고 모둠별로 토의해 보자.

(1) 바나나가 노랗게 보이는 이유는 무엇인가?
   (   )

(2) 빨간색 사과를 초록색 셀로판지로 보면 무슨 색으로 보일까?
   (   )

(3) 흰옷을 입은 가수가 무대에서 노래를 부르고 있다. 이 가수의 옷을
    자홍색으로 보이게 하려면 어떤 빛의 조명을 이용해야 할까?
    (   )

◆ 학습주제: 그림자 인형극 만들기

◎ 교수-학습활동
- 그림자 인형극에 대한 읽기 자료를 나누어 준다.

 읽기자료

---

* 그림자 인형극

1) 뜻
광원과 그에 따른 인형의 그림자를 이용한 연극

2) 역사
그림자 인형극은 중국에서 일찍 발달
하여 17세기 이후에는 유럽으로도 건
너간 것으로 알려져 있다. 세계적으로
태국, 이란, 터키 등에서 많이 행해지는
데, 인도네시아 자바 섬의 '와양 클리
틱'이 유명하다. 특히 중국의 그림자 인
형극은 2011년 유네스코 무형문화유산
으로 등재되었다. 이와 같이 여러 가지
형태로 조종이 가능한 인형들은 고대

이집트에도 존재하였으며, 중동과 아시아의 여러 민족에게 전해져 일찍
부터 인형극이 발달하였다. 또한 고대 그리스 시대의 인형극에 관한 기

록이 있으며, 이것은 로마 시대에도 성행되었던 것으로 알려져 있다.

3) 대본 준비하기
다양한 소재의 대본을 직접 준비한다. 세계 각국의 신화나 전설을 토대로 (구성하거나 대표적인 전래동화 등을 응용할 수 있다. 또한 학생들의 공통 관심사를 간단하게 연극으로 구성할 수 있다.

4) 그림자 인형극 준비하기
    ① 준비물: 철사, 셀로판지, 두꺼운 종이, 나무젓가락, 손전등, 흰 천 등
    ② 철사로 원하는 모양의 인형을 만들고 나무젓가락에 감아서 고정한다.
    ③ 철사로 만든 틀에 여러 가지 셀로판지를 붙인다.
    ④ 두꺼운 종이를 원하는 배경 모양으로 잘라 나무젓가락에 붙인다.
    ⑤ 흰 천을 펼치고 종이로 만든 배경을 설치한다.
    ⑥ 인형들을 흰 천의 뒤쪽에 놓은 후 전등을 설치한다.

5) 인형들의 색을 결정하고 어떤 빛의 조명을 합성하면 원하는 색을 나타낼 수 있는지 토의해 보자.

6) 연습을 거쳐 모둠별로 그림자 인형극을 해 보자.

참고문헌

강경희(2005). 「과학사 도입 수업이 과학 성취도와 태도에 미치는 효과－7학년 '생명'영역을 중심으로」. 『한국과학교육학회지』, 25(7), 765－772.

강경희(2009). 「제주도의 지역 환경 자원을 활용한 초등학교 고학년용 체험교육 프로그램 개발」. 『환경교육』, 22(3), 72－82.

교육과학기술부(2008). 『중학교 교육과정 해설Ⅲ』. 교육인적자원부 고시 제 2006－75호 및 79호.

교육부(1997). 『과학 중학교 교육과정』. 교육부 고시 제1997－15호.

권난주, 권재술(2004). 「인지갈등 방법을 이용한 과학 개념변화에서 학습자 특성의 효과」. 『한국과학교육학회지』, 24(2), 216－225.

권성기, 임청환(역)(2000). 『구성주의적 과학학습심리학』. 서울: 시그마프레스.

권재술, 김범기, 우종옥, 정완호, 정진우, 최병순(1999). 『과학교육론』. 서울: 교육과학사.

김남점(2000). 「교수 학습 전략이 초등학생의 학습 성취에 미치는 영향」. 경성대학교 교육대학원 석사학위논문.

김달효(2006). 「학생의 능력별 집단편성에 대한 비판적 접근」. 『한국교육사회학연구』, 16(3), 25－42.

김명숙, 오기선, 조달현(2012). 「과학수업에서 역할놀이 활동이 학업성취도와 학습태도에 미치는 영향」. 『디지털정책연구』, 10(4), 323－331.

김석우, 최태진(2007). 『교육연구방법론』. 서울: 학지사.

김영민(2001). 『비유론과 과학교육』. 서울: 원미사.

김영민, 오종실, 한용술(1987). 「한국의 과학교육 관련 학회들의 연구내용 분석」. 『한국과학교육학회지』, 7(2), 15－20.

김영종(2007). 『사회복지조사방법론』. 서울: 학지사.

김인식, 최호성, 최병옥(2004). 『수업설계의 원리와 모형 적용』. 서울: 교육과학사.

김정주(2008). 「동화를 통한 과학 교수 학습 방법이 유아의 과학적 개념 및 탐
        구능력에 미치는 효과」. 『유아교육』, 17(2), 125 – 136.
김진화, 정지웅(2000). 『사회교육 프로그램 개발의 이론과 실제』. 서울: 교육과학사.
김찬종, 채동현, 임채성(2004). 『과학교육학개론』. 서울: 북스힐.
김형립, 김동식, 양용칠(역)(1996). 『체제적 교수설계(Walter Dick & Lou Carey:
        The Systematic Design of Instruction.)』 서울: 교육과학사.
문경원, 김영수(2003). 「제7차 교육과정 7~12학년 과학 및 생물 교과서 내의 생
        물 윤리 주제와 교수 – 학습 방법의 유형 분석」. 『한국생물교육학회지』,
        31(3), 257 – 264.
박성익, 임철일, 이재경, 최정임, 임정훈(2012). 『교육공학의 원리와 적용』. 경
        기: 교육과학사.
박희창(2001). 『인터넷 조사와 설문조사시스템』. 서울: 자유아카데미.
배장오(2008). 『현장연구방법』. 경기: 서현사.
서혜애, 오필석, 홍재식 역(2000). 『국가과학교육 기준 – 미국의 과학교육개혁』.
        National Research Council의 'National Science Education Standards' 서울: 교
        육과학사.
손영애(2009). 「국어과 교육과정 변천사 소론 – '교수 학습 방법'을 중심으로」.
        『국어교육』, 130, 293 – 322. 한국어교육학회.
송상호, 박인우, 엄우용, 이상수(2007). 『수업설계의 원리』. 서울: 아카데미프레스.
송판섭, 기수연, 김석중, 김정길, 김해경, 남철우, 최도성, 한광래, 홍행화(1999).
        「국내 과학교육 연구 동향 분석(기간: 1992~1996년)」. 『한국초등과학
        교육학회지』, 18(1), 19 – 28.
오인경, 최정임(2009). 『교육 프로그램 개발 방법론』. 서울: 학지사.
원은실(2002). 「탐구학습 중심 과학교수 방법이 유아의 창의성 증진에 미치는
        효과」. 『과학교육논총』, 27, 109 – 120. 전북대학교 과학교육연구소.
유네스코아시아태평양 국제이해교육원(2011). 『다문화 속담여행』. 서울: 대교
        출판.
이무근(1997). 프로그램의 설계, 한국청소년개발원(편). 『프로그램의 개발과 운영』.
        서울: 인간과 복지.
이상우(2009). 『살아 있는 협동학습』. 서울: 시그마 프레스.
이선길(2006). 「고등학교 과학 영재를 위한 사사연구(R&E) 프로젝트 학습모형
        의 개발과 적용」. 이화여자대학교 박사학위논문.
이선희, 박종석, 전미경(2007). 「우리나라 과학교육 관련학회지에 게재된 피아
        제, 브루너, 오슈벨 이론의 연구동향 분석」. 『한국과학교육학회지』, 27(5),

447 – 455.

이성호(1983). 『교육과정과 평가』. 서울: 양서원.

이재섭(1989). 「Paulo Freire의 비판적 교육이론의 구조와 실천」. 경북대학교 석사학위논문.

이태형(1993). 『우리 별자리』. 서울: 현암사.

이현청(1993). 『학습하는 사회』. 신교육모음 5, 서울: 배영사.

이화여자대학교 교육공학과(2001). 『21세기 교육방법 및 교육공학』. 서울: 교육과학사.

정선형(2004). 「학습자 존중의 의미: 구성주의 교육관과 전통적 교육관의 비교」. 서울교육대학교 석사학위논문.

전성연, 최병연, 이흔정, 고영남, 이영미(2007). 『협동학습 모형 탐색』. 서울: 학지사.

정진수(2008). 「과학교사를 위한 가설검증 방법 고안 교수 학습 프로그램의 효과」. 『한국과학교육학회지』, 28(6), 664 – 674.

조희형, 박승재(2001). 『과학 교수 학습』. 서울: 교육과학사.

조희형, 최경희(2000). 『과학 교수 학습과 수행평가』. 서울: 교육과학사.

조희형, 최경희(2008). 『과학교육의 이론과 실제』. 서울: 교육과학사.

채동현, 박현주, 이수영(2003). 『과학교육의 질적 접근』. 서울: 북스힐.

최정임(2002). 『인적자원 개발을 위한 요구분석 실천 가이드』. 서울: 학지사.

팽애진, 백성혜(2005). 「과학 실험 수업에 대한 중등 과학 교사의 신념 사례 연구」. 『한국과학교육학회지』, 25(2), 146 – 161.

한국교육과정평가원(2005). 『교수·학습을 위한 콘텐츠 개발 지침. 콘텐츠 질 관리 지침 콘텐츠 질 관리 프로그램: 총론과 10개 국민공통 기본교과를 중심으로』. 한국교육과정평가원.

한국청소년개발원(2007). 『청소년 프로그램 개발 및 평가론』. 서울: 교육과학사.

American Association for the Advancement of Science(AAAS)(1989). Science for all Americans. Washington D.C.: The auther.

Biagi, R.(1978). Working together A manual for helping groups work more effectively. MA: University of Massachusetts.

Bloom, B. S.(1956). Taxonomy of educational objectives, handbook I: Cognitive domain, McKay: New York.

Boyle, P. G.(1981). Planning better programs. New York: McGrow – Hill.

Bybee, R.(2000). Teaching science as inquiry. In J. Minstrel & E. H. Van Zee(Eds). Imquiring into inquiry learning and teaching in science. Washington D.C.: AAAS.

Callahan, J. F., Clark, L. H., & Kellough, R. D.(1995). Teaching in the middle and secondary schools, 6th ed. Englewood Cliffs, NJ: Merrill.

Campbell, D. T., & Fiske, D. W.(1959). Convergent and discriminant validation by the multitrait－multimethod matrix. Psychological Bulletin, 56, 81－105.

Chiappetta, E. I., Koballa, Jr., T. R., & Cllette, A. T.(1998). Science instruction in the middle and secondary schools, 4th ed. Columbus, Ohio: Merrill.

Cronbach, L. J.(1970). Essentials of Psychological Testing(3rd ed.). New York: Haper and Row.

Cronbach, L. J.(1984). Essentials of psychological testing(4th Ed.). N. Y.: Harper & Low.

Glynn, S. M.(1989). The Teaching－with－Analogies(TWA) model: Explaining concepts in expository text. In K. D. Muth(Ed), Children's comprehension of text: Research into practice.(pp.185－204). Newark, DE: International Reading Association.

Glynn, S. M., Muth, K. D., & Britton, B. K.(1990). Thinking out loud about concepts in science text: How instructional objectives work. In H. Mandl, E. De Corte, S. N. Bennett, & H. F. Friedrich(Eds.), Learning and instruction: European N

Good, T. L., Mulryan, C., & McCaslin, M.(1992). Grouping for Instruction in Mathematics: a Call for Programmatic Research on Small－group Process. In D. Grouws(ED.) Handbook of research on mathematics teaching and learning. NY: MacMillan.

Gronlund, N. E.(1972). Measurement and evaluation in teaching. N. Y.: Macmillan.

Guest, A.(1999). A coach, a mentor······ a what?. Success Now, 13(3).

Heinich, R., Molenda, M., Russell, J. D., & Smaldino, S. E.(2002). Instructional Media and the new technologies for learning.(7th ed). NJ: Prentice Hall.

Johnson, D. W., & Johnson, R. T.(1999). Making cooperative learning work. Theory into prectice, 38(2), 67－73.

Klopfer, L. E.(1971). "Evaluation of learning in science", In B.S. Bloom, J. T., Hasting and G. F. Madaus(Eds). "Handbook on formative and summative evaluation of Student Learning", McGraw－Hill: New York.

Knowles, M.(1980). The modern practice of adult education. Chicago: Follet Publishing.

Kowalski, T. J.(1988). The organization and planning of adult education. New York: State university of New York Press.

Lazarowitz, R., & Tamir, R.(1994). Research on using laboratory in science. In D. Gabel(Ed.), Handbook of Research on Science Teaching and Learning, NY: MacMillan.

Long, H. B.(1987). New Perspectives on the Education of Adults in the United States, New York: Nicholes Publishing Company.

Lou, Y., Abrami, P. C, Spence, J. C, Poulsen, C, Chambers, B., & d'Apollonia, S.(1996). Within−class grouping: A meta−analysis. Review of Educational Research, 66(4), 423−458.

Martin, R., Sexton, C., Wagner, K., & Gerlovich, J.(1997). Teaching science for all children, 2nd ed. Boston: Allyn and Bacon.

McCormack, A. J., & Yager, R. E.(1989). A new taxonomy of science education. The Science Teacher, 56(2), 47−48.

Northamptonshire Inspection and Advisory Service(1995). The Differentiation Book. A guide to differentiation in secondary science teaching. Northamptonshire County Council.

Rothwell, W. I. & Kazanas, H. C.(1992). Mastering the instructional design process: A systematic approach. San Francisco: Jossey−Bass Publishers.

Schroeder, W.(1980). "Typology of Adult Learning System", in J. Perers and Associates. Building an Effective Adult Education Enterprise, New York: Jossey−Bass.

Schwab, J. J.(1966). The teaching of science as inquiry. In J. J. Schwab & P. F. Brandwein(ed.). The Teaching of Science. Harvard University Press.

Simpson, R. D. & Anderson, N. D.(1981). Science, Students and Schools. N.Y.: MacMillan.

Slavin, R. E.(1983). Cooperative Learning. NY: Longman.

Slavin, R. E.(1990). Cooperative Learning: Theory, research, and practice. Englewood Cliffs, NJ: Prentice−Hall.

Slavin, R. E.(1991). Synthesis of research on cooperative Learning. Educational Leadership, 48(5), 71−82.

Smith, P. L., & Lagan, T. J.(1999). Instructional Design(2nd ed.) New York: Wiley.

Standard for Educational and Psychological Testing(1999). Standards for educational and psychological testing. Washington D.C.: American Psychological Association.

Trowbridge, L. W. & Bybee, R. W.(1996). Teaching secondary science: strategies for development scientific Literacy(6th ed.). Merrill Publishing Company.

Tyler, R. W.(1969). Basic principles of curriculum and instruction. Chicago: University of Chicago press.

Weinstein, C. E. & Mayer, R. E.(1986). The teaching of learning methods. In M. C. Wittrock(Ed.). Handbook of research on teaching(3rd ed.). NY: MacMillan.

강경희 ─────────────────────────

　이화여자대학교 과학교육학 박사
　한라일보 기자
　이화여자대학교·성균관대학교·경인교육대학교·건국대학교·제주대학교 강의
　현) 제주대학교 교육과학연구소 특별연구원
　　제주대학교 과학교육과 강사

과학교육 프로그램 개발의 이론과 실제

초판인쇄 | 2013년 2월 8일
초판발행 | 2013년 2월 8일

지 은 이 | 강경희
펴 낸 이 | 채종준
펴 낸 곳 | 한국학술정보㈜
주　　소 | 경기도 파주시 문발동 파주출판문화정보산업단지 513-5
전　　화 | 031) 908-3181(대표)
팩　　스 | 031) 908-3189
홈페이지 | http://ebook.kstudy.com
E-mail | 출판사업부　publish@kstudy.com
등　　록 | 제일산-115호(2000. 6. 19)

ISBN　　978-89-268-4070-2 93370 (Paper Book)
　　　　978-89-268-4071-9 95370 (e-Book)

 한국학술정보(주)의 학술 분야 출판 브랜드입니다.